Trianon Palace

VERSAILLES

GUIDE DES PROMENADES

AUX

ENVIRONS

DE

VERSAILLES

Le Trianon Palace à Versailles
Un coin du Parc

TRIANON-PALACE

LES PROMENADES

DES

Environs de Versailles

```
PROMENADES A PIED
    —       EN VOITURE
    —       EN AUTO
```

VERSAILLES
L. BERNARD, Libraire-Éditeur
Rue Hoche, 17.

1910

SOMMAIRE

~~~~~~~~~~~~~

                                        Page.

Séjour à Versailles. 5

PROMENADES A PIED (Versailles).

                                              Pages.

1. Le Château 8
2. Le Parc 8
3. Les Trianons 9
4. La Ville 9
5. Le Grand-Parc 9

PROMENADES A PIED (les Environs).

                                  Durées.   Pages.

6. Fausses-Reposes et Ville-d'Avray . . . . 3 h. 1/2 . . . 10
7. Fausses-Reposes et Marnes . . . . 3 h. 1/2 . . . 11
8. Parc de Saint-Cloud . . . . 4 h. 1/2 . . . 12
9. Le Butard . . . . 3 h. . . . 13
10. Saint-Cucufa . . . . 4 h. 1/2 . . . 14
11. La Celle-Saint-Cloud . . . . 3 h. 1/2 . . . 14
12. Velizy. — Chaville . . . . 3 h. 1/2 . . . 15
13. Les Bois de Meudon . . . . 4 h. 1/2 . . . 16
14. Le Bois des Gonards . . . . 2 h. 1/2 . . . 16
15. Jouy et les vallons de Saint-Marc . . . . 4 h. 1/2 . . . 17
16. La haute vallée de la Bièvre . . . . . . 4 h. . . . 18

Conseils aux Cavaliers 19

PROMENADES EN VOITURE.

	Durées.	Pages.
17. Meudon	4 h.	20
18. Sèvres	3 h.	22
19. Parc de Saint-Cloud. — Saint-Cloud	3 h.	22
20. Paris. — Bois de Boulogne	4 h.	26
21. La Malmaison	4 h.	26
22. Bougival	3 h.	28
23. Marly	3 h.	29
24. Forêt de Marly	2 h. $1/2$	31
25. Saint-Germain	3 h.	32
26. Les Etangs de Saint-Quentin	3 h.	33
27. Ferme de Grignon	5 h.	33
28. Jouy. — Bièvres. — Montéclin	3 h.	34
29. Sceaux	4 h. $1/2$	34
30. Orsay	4 h. $1/2$	35
31. Port-Royal et Chevreuse	5 h.	36
32. Dampierre	5 h. $1/2$	38
33. Dampierre et les Vaux-de-Cernay	6 h.	39

PROMENADES EN AUTO.

	Directions.	Distances.	Pages.
34. Rambouillet		35 kil.	40
35. Maintenon		58 kil.	40
36. Chartres		63 kil.	41
37. Meulan, Mantes		48 kil.	41
38. Dreux, Anet		80 kil.	41
39. Dourdan, Etampes		50 kil.	42
40. Melun, Fontainebleau		70 kil.	43
41. Pontoise, Gisors		72 kil.	44
42. Chantilly, Compiègne		106 kil.	44

Plan d'Ensemble..... 24-25

Un Séjour à Versailles

(PROMENADES AUX ENVIRONS)

Dans les environs de Paris, c'est Versailles qui offre au touriste le plus d'attraits. Il serait superflu de signaler l'intérêt considérable que présentent le Château, le Parc et les Trianons. Leur splendeur et la richesse des souvenirs historiques qu'ils évoquent justifient l'empressement que mettent les étrangers à venir visiter ce monument superbe de l'art et de l'histoire. Qui donc, en effet, ne serait captivé par l'étonnante destinée de ce château et de cette ville même, que le XVIIe siècle vit surgir en quelques années par la volonté toute-puissante de Louis XIV, au milieu d'une contrée sauvage et rebelle qu'il fallut dompter à force de patience et de travail? Qui donc resterait insensible à l'aspect grandiose de ce décor où s'agitait une Cour brillante, à la majesté de ce cadre imposant qui convenait au Roi-Soleil et fait revivre l'incarnation la plus haute de la puissance monarchique en France? Qui donc enfin resterait indifférent au souvenir des événements tragiques de la Révolution dont Versailles a été le berceau, et dont le hameau de Trianon évoque en Marie-Antoinette une illustre et malheureuse héroïne?

Ses beautés et ses souvenirs expliqueraient assez pourquoi Versailles reçoit certains jours jusqu'à 80,000 visiteurs ; mais il existe d'autres attraits qui font de Versailles une ville privilégiée. C'est la contrée pittoresque et charmante qui l'entoure.

La région la plus belle des environs de Paris est celle du Sud-Ouest, et Versailles en est le cœur. Depuis les murs de Paris jusque dans Versailles, la route est une promenade. Dans les rues et les larges avenues de l'heureuse cité de Louis XIV, le regard n'est nulle part arrêté que par la verdure des bois qui entourent la ville. Les vingt-cinq minutes de chemin de fer ou d'automobile qui la rattachent à Paris lui permettent de prendre part à la vie parisienne et de jouir en même temps des bienfaits d'un air pur et des attraits d'une foule de sites curieux ou pittoresques. Si l'on s'intéresse aux souvenirs historiques, la région semblera au visiteur une extension du château de Versailles lui-même par les sites évocateurs du passé qu'il rencontrera de tous côtés. Marly, Louveciennes, Saint-Germain, La Malmaison, Saint-Cloud, Meudon, Bellevue, Maintenon, Port-Royal, Saint-Cyr, etc..... sont autant de noms fameux dans l'histoire des trois derniers siècles. Si l'on recherche le pittoresque, on le trouve à la sortie même de la ville, de quelque côté qu'on se dirige. Les bois de Fausses-Reposes, les étangs de Ville-d'Avray, les bois de Meudon, la vallée de la Bièvre, le bois des Gonards, la forêt de Marly, etc..... sont autant de promenades charmantes, auxquelles on peut en ajouter de plus longues au gré de ses désirs, et grâce auxquelles un séjour à Versailles ne peut manquer d'offrir un attrait toujours nouveau.

On s'explique alors que tant de personnalités parisiennes, même lorsqu'elles ont à Paris des occupations journalières, aient choisi la ville de Versailles pour y fixer, pendant la belle saison, la résidence de leur famille. Illustrée jadis par tant de demeures historiques, cette région hospitalière et généreuse s'est de nouveau couverte de nombreux et riches châteaux. Il n'est pas jusqu'aux aviateurs et aux aéronautes qui n'aient trouvé le moyen d'installer, dans les environs immédiats de la ville, à Saint-Cyr, à Buc, à Satory, à Velizy, des hangars et des champs d'expériences.

La campagne parisienne est le pays de la vie heureuse; Versailles en est la perle.

Au milieu d'une région aussi riche en souvenirs et en beautés naturelles, il était nécessaire de venir en aide au touriste. Nous avons donc jugé utile d'apporter dans la variété des promenades le classement d'une étude méthodique, et nous l'avons résumé dans cette Notice d'une façon aussi concise que possible.

Nous avons classé les promenades les plus belles en séries d'après le mode de locomotion que le touriste désire employer. Nous commençons par la série des promenades à pied; elles peuvent, en général, être faites aussi en voiture, sauf exceptions partielles signalées pour chacune d'elles.

La durée des promenades a été comptée largement.

Enfin, nous devons avertir le lecteur que cette Notice ne prétend pas tenir lieu de guide d'une façon complète; elle signale les plus jolis sites, donne quelques conseils au sujet des itinéraires, et permet surtout au touriste qui séjourne à Versailles d'organiser lui-même, au gré de ses désirs, telle promenade dont nous lui aurons suggéré les points principaux, et dont les cartes et ouvrages mentionnés à l'annexe bibliographique lui fourniront alors tous les éléments de détail.

PROMENADES A PIED

I. — DANS VERSAILLES

1 = LE CHATEAU. — A tout seigneur tout honneur. Le Palais de Versailles mérite que l'on consacre plusieurs journées à le visiter, non seulement pour lui-même, mais aussi à cause du Musée historique que Louis-Philippe y a installé, et qui n'a cessé d'être enrichi depuis sa fondation. Au sortir du **Trianon-Palace,** il suffit de traverser le *Parc* pour se trouver en quelques minutes à l'entrée du Château. Il existe de nombreux ouvrages et de nombreux guides qui facilitent la visite du Palais, et qui se trouvent signalés à l'annexe bibliographique de cette Notice.

2 = LE PARC. — Sous Louis XIV, le domaine du Château comprenait les *Jardins,* le *Petit-Parc* et le *Grand-Parc.* — Les *Jardins* ont subsisté sous le nom de « Parc ». Le *Petit-Parc,* qui consiste dans les larges et belles allées entourant le *Canal,* a subsisté presque entier sous le nom de « Grand-Parc ». Enfin, le *Grand-Parc* de Louis XIV était une vaste portion de la campagne englobant le *Canal*; il était entouré d'un mur, comprenait un certain nombre de villages, et s'étendait jusqu'à une distance d'une dizaine de kilomètres dans la direction de l'ouest. Ce *Grand-Parc,* dont les habitants étaient l'objet de certains privilèges comme de certaines servitudes, n'était autre chose que le terrain des chasses royales. Actuellement, le domaine du Château est limité aux bois qui entourent le *Canal.* La beauté des jardins du Château est assez connue pour qu'il soit superflu d'insister sur la nécessité de leur consacrer de nombreuses visites; comme le Château lui-même, ils ont été copiés en France et à l'étranger par d'illustres personnages. Il ne faut pas manquer l'occasion d'admirer les *Grandes Eaux,* qui ont lieu le premier dimanche de chaque mois, à partir de mai jusqu'en octobre.

3 = LES TRIANONS (10 minutes à pied. Tramway électrique). — Nous franchissons la grille du boulevard, nous suivons la belle avenue qui s'ouvre devant nous, et nous arrivons à l'entrée des *Trianons*. C'est la partie la plus charmante du trésor artistique de Versailles. Le *Grand-Trianon* conserve le caractère de richesse élégante et correcte du Château, sans en avoir la solennité un peu pompeuse. On y trouve déjà le charme gracieux d'une intimité plus sensible. Mais c'est au *Petit-Trianon*, dans son *Hameau* et dans son jardin anglais que d'admirables sites évoquent les souvenirs les plus touchants d'un illustre passé. Le Grand et le Petit-Trianon sont beaucoup moins fréquentés que le parc du Château, car ils sont plus éloignés de la ville. L'heureuse situation du **Trianon-Palace**, qui se trouve à portée des Trianons comme du Parc, permet à ses hôtes de goûter l'agrément d'une promenade loin de la foule dans un site incomparable; les Trianons se trouvent à la porte de l'hôtel, dont ils semblent être les jardins. Les *Grandes Eaux* de *Trianon* jouent le second dimanche de chaque mois, de mai en octobre.

4 = LA VILLE. — Il est naturel que cette ville, n'ayant longtemps existé que par le Château et pour le Château, présente un grand nombre de curiosités artistiques ou historiques; il n'est donc pas sans intérêt de parcourir les rues de la ville. Une visite détaillée nous arrêterait presque à chaque pas au souvenir d'un événement ou d'un personnage (voir annexe bibliographique). Ici, c'est la *rue Gambetta* avec ses *Ministères* et avec son *Grand-Commun* où s'agitait la foule des domestiques du Château; plus loin, le *Potager du Roi*, fondé sous Louis XIV par La Quintinie; la *Cathédrale Saint-Louis*, qui donna asile aux *Etats généraux*; la salle du *Jeu-de-Paume*, où fut prononcé le serment célèbre; les *Petites-Ecuries*, qui abritaient les chevaux et les voitures de la Cour; les *Grandes-Ecuries*, qui abritaient les chevaux de selle; l'hôtel des *Menus-Plaisirs*, où fut la salle des Etats généraux; l'église *Notre-Dame*, qui était la paroisse de la Cour sous Louis XIV. — Nous devons renvoyer le visiteur aux excellents ouvrages qui existent sur ce sujet.

5 = LE GRAND-PARC (durée: 2 h. 1/2). — Cette promenade

consiste à faire le tour du *Grand Canal* par les larges et belles avenues des bois qui l'environnent; c'est la promenade favorite des cavaliers civils et militaires. Partant de l'entrée de *Trianon* (V. n° 3), que nous laissons à droite, nous allons jusqu'à la tête du *Grand Canal*. A notre gauche se trouve, à l'intérieur de la grille, un bâtiment que l'on nomme « la Petite-Venise ». C'est là qu'on remisait, sous Louis XIV, les gondoles qui servaient à la Cour pour les promenades et les fêtes sur le Canal. Passant de l'autre côté de la pièce d'eau, nous nous dirigeons vers l'extrémité du bras gauche de la croix qu'elle forme. C'est là que se trouvait la *Ménagerie* de Louis XIV ; celle-ci consistait en un petit palais dans le genre de *Trianon*, dont dépendaient des laiteries et des bâtiments où s'abritaient toutes sortes d'animaux. La Cour s'y rendait le plus souvent en bateau et l'on y accédait par des degrés qui existent encore. Deux pavillons de laiterie avec leurs frontons sculptés ont également subsisté. Le reste, détruit peu à peu, est remplacé actuellement par une Ecole militaire d'aérostation. Le *Pavillon de la Lanterne*, qui se trouve à côté de la ferme de la Ménagerie, est loué à M. Gordon-Bennett, ainsi que la chasse de toute la région très giboyeuse des bois du Canal. Continuant à nous éloigner par les belles avenues du Grand-Parc vers l'extrémité du Canal, nous avons, en y arrivant, une vue admirable dans la direction du Château. Nous revenons vers la ville par Trianon. — Cette promenade peut être faite en voiture lorsque le beau temps rend le terrain praticable.

II. — LES ENVIRONS DE VERSAILLES

6 = BOIS DE FAUSSES-REPOSES ET VILLE-D'AVRAY (durée : 3 h. 1/2). Point de départ : extrémité de la ligne du tramway de Clagny. — Si nous allons à pied, nous traversons la ville en prenant à gauche le boulevard de la Reine, puis la rue Duplessis et l'avenue de Villeneuve-l'Etang. Nous suivons l'avenue de Villeneuve-l'Etang jusqu'à la grille de l'octroi. Là, nous entrons dans le bois par la route pittoresque et sinueuse dite « route de l'Impératrice » qui se dirige en oblique, à droite de la grande route de Vaucresson. C'était une des promenades favorites de l'impératrice Eugénie. Nous rencontrons sur le chemin une maison forestière et nous arrivons aux premières maisons du village de Marnes. Nous les laissons à gauche, et descendons dans le village de *Ville-d'Avray*. Son église renferme de belles œuvres dues à la générosité de grands artistes tels que Corot, Rude, Pradier. C'est à Ville-d'Avray que se trouve la maisonnette dite *Villa des Jardies*, qui a appartenu à Balzac, et où est mort Gambetta en 1882. Cette maison est devenue propriété nationale et un gardien la fait visiter. Le monument de Gambetta, qui lui est contigu, est dû au sculpteur Bartholdi, l'auteur de la fameuse *Liberté* de New-York. Le site le plus pittoresque de Ville-d'Avray se trouve aux célèbres *étangs* voisins de la grande route de Versailles. Ce sont deux jolies nappes d'eau, dont la plus petite a conservé le caractère d'une mare en forêt, et sur les bords desquelles le grand peintre Corot aimait à faire des études d'après nature dans le brouillard matinal. Le *monument de Corot*, en marbre blanc, se trouve sur le bord de l'étang inférieur. Nous reprenons la direction de Versailles en suivant, sur le coteau boisé situé à gauche des étangs, une route forestière, dite *Cordon-du-Nord*, qui nous offre de jolies échappées sur les bois de Ville-d'Avray et de Sèvres, et nous mène dans Versailles par la « grille de Picardie ». — Si cette promenade est faite en voiture, il faudra, pour le retour, renoncer au Cordon-du-Nord, et revenir par la grand'route, dont le parcours est d'ailleurs fort pittoresque; à signaler le nombre considérable d'automobiles de tourisme qu'on y voit passer.

7 = BOIS DE FAUSSES-REPOSES ET MARNES (durée : 3 h. 1/2). Même point de départ que pour la promenade précédente. — En arrivant aux premières maisons de Marnes, nous tournons à gauche, et descendons une pente rapide. Il se trouve à Marnes de luxueuses villas entourées de beaux parcs; près de la place du village a été érigé un monument en l'honneur de Pasteur, qui habita sur le territoire de la commune. Nous rejoignons la route de *Vaucresson*, entre le parc de *Villeneuve-l'Etang* à droite et le parc du château de *La Marche* à gauche. Villeneuve-l'Etang est un ancien domaine impérial, aujourd'hui aliéné, et qui a été coupé par une ligne de chemin de fer. Il reste célèbre par les séjours fréquents, sous Napoléon III, de personnages de la Cour et surtout de l'Impératrice; préoccupée du souvenir de Marie-Antoinette, elle venait souvent y goûter le charme intime de beaux ombrages; elle avait fait installer une luxueuse laiterie, où l'on jouait, comme à Trianon, à la vie villageoise. Après la guerre, ce domaine eut un regain de célébrité par le séjour de l'illustre physiologiste Pasteur; il s'y était installé et il y a organisé des chenils pour ses expériences sur la rage; il y fit une partie de ses travaux et y mourut en 1895. Dans le parc du château de La Marche, qui appartint à Chamillard, ministre de Louis XIV, se trouve un champ de courses très accidenté, où ont eu lieu autrefois des steeple-chases. Nous arrivons sur la route de *Vaucresson*, devant la façade de l'*Hospice Brézin*, maison de retraite pour les vieux ouvriers; nous tournons à gauche et, à l'extrémité du parc de *La Marche*, nous reprenons la direction de Versailles en remontant sur le plateau de *Fausses-Reposes*. Nous passons au milieu des paddocks du *Haras de Jardy*, appartenant à M. Edmond Blanc; ce superbe établissement d'élevage abrite un grand nombre de chevaux, célèbres par leurs succès sur les hippodromes, et en particulier le fameux étalon *Flying-Fox* que son propriétaire a payé près d'un million de francs en Angleterre.

8 = PARC DE SAINT-CLOUD (durée : 4 h. 1/2). Point de départ : extrémité du tramway de Picardie. — A pied, nous suivons à gauche le boulevard de la Reine jusqu'au bout, et sortons de la ville en prenant à gauche l'avenue de Picardie. Nous nous rendons à *Ville-d'Avray*, soit par la grand'route, soit par le chemin forestier du *Cordon-du-Nord* et les *étangs*. Après avoir traversé le village, nous arrivons à un grand carrefour circulaire où se trouve une entrée du *parc de Saint-Cloud*. L'entrée est libre pour les piétons; les chevaux et véhicules sont l'objet d'une taxe. Nous ferons dans le parc de Saint-Cloud une promenade d'autant plus longue que nous serons meilleurs marcheurs (nous signalons l'intérêt de ce site célèbre à la promenade n° 19). Nous reprenons la direction de Versailles en sortant du parc de Saint-Cloud par la porte débouchant dans le village de *Marnes* et en suivant la *route de l'Impératrice*.

9 = **LE BUTARD** (durée : 3 heures). Point de départ : extrémité de la ligne de tramways de Glatigny. — A pied, nous remontons à gauche le boulevard de la Reine jusqu'à la rue Duplessis que nous suivons jusqu'au bout. Nous sortons de la ville par la rue de Béthune et nous entrons dans les bois par une large route qui monte en lacets. Au bout d'une vingtaine de minutes de marche, nous arrivons à la grand'route de *Vaucresson*, nous tournons à droite et nous trouvons *le Butard* à notre gauche. C'est une clairière, sur le bord de laquelle se trouve une maison forestière et un très joli *pavillon* qui servait de rendez-vous aux chasses de la Cour. Le plateau de Vaucresson, sur lequel se trouve le Butard, se couvre de nombreuses villas dont quelques-unes sont fort coquettes. L'ancien village de Vaucresson, qui se trouve plus bas, est au contraire d'une origine très ancienne, puisqu'il fut fondé par Suger, Régent du royaume de France au temps des Croisades. Du Butard, nous revenons à Versailles, soit par la route de Vaucresson déjà signalée, soit par la route de Bougival. En choisissant cette dernière, nous passons par un carrefour où se trouvent les entrées de deux beaux parcs. Du côté opposé à Versailles, c'est le parc du château de *Beauregard* qui évoque d'intéressants souvenirs historiques ; il fut habité, en effet, sous le Premier Empire, par la *comtesse de Boigne*, l'auteur de célèbres Mémoires. C'est alors que les belles allées du parc virent passer sous leurs ombrages Mme Récamier et le monde impérial de Saint-Cloud. Sous le Second Empire, ce domaine, d'une valeur de cinq millions, fut donné par l'empereur Napoléon III à *Miss Howard*. Elle y mourut en 1865. Près du même carrefour, se trouve le laboratoire de « Dispeptine » où l'on prépare un médicament pour certaines affections de l'estomac, par une méthode curieuse qui consiste à extraire à des porcs le suc gastrique sécrété au moment de leur digestion. Descendant, à gauche, la route qui mène à Versailles, nous passons devant l'entrée du domaine de *Bel-Air*, qui fut la propriété du *docteur*

Ricord, et appartient à la famille de Martimprey. Nous traversons le *Vieux-Chesnay*, un des anciens villages existant dans la région immédiate de Versailles avant Louis XIV, et rentrons dans le Parc par la *porte Saint-Antoine*.

10 = SAINT-CUCUFA (durée : 4 h. 1/2). — Nous nous rendons sur le plateau de *Vaucresson* par un itinéraire déjà signalé (V. n° 9), nous dépassons *le Butard*, et, après quelques centaines de mètres, nous obliquons à droite par la *route forestière des Chênes*. Elle nous fait suivre la clôture de la vaste propriété de M. Edmond Blanc, et nous conduit, par une descente assez rapide, jusqu'à l'étang très pittoresque de *Saint-Cucufa*. De nombreux peintres de paysage viennent y chercher l'inspiration de leurs œuvres. Une maison forestière nous permet un instant de repos et nous fournit une tasse de lait. Le nom bizarre du site vient, paraît-il, d'un moine espagnol, réputé pour sa grande dévotion, qui s'était retiré dans ces bois, à une époque fort reculée. C'est sur cet étang que l'ex-impératrice Joséphine, alors âgée de cinquante ans, et qui habitait dans le voisinage le château de *la Malmaison*, fit, avec le tsar Alexandre Ier, une promenade en bateau qui lui fut fatale. Prise au retour d'un mal subit, elle dut s'aliter et mourut trois jours après. Nous quittons ce site pittoresque en prenant vers la gauche le chemin forestier qui longe le bord d'aval de l'étang. Il nous conduit bientôt à la partie haute de *La Jonchère*, où nous admirons les arbres magnifiques du *Vallon-des-Châtaigniers*. Nous tournons à gauche en arrivant à la route, et prenons pied sur le plateau devant l'entrée du château de M. Edmond Blanc. Nous trouvons là un des points de vue les plus admirables qui se puissent imaginer. Le regard s'étend à perte de vue dans la direction de *Saint-Germain*, sur la vallée de la Seine qui s'étale et serpente dans la verdure. La même route nous ramène à Versailles par le plateau de *Vaucresson* et *le Butard*.

11 = LA CELLE-SAINT-CLOUD (durée : 3 h. 1/2). Point de départ : extrémité de la ligne de tramways de Glatigny. — Nous gagnons et dépassons *le Butard* (V. n° 9), et nous parvenons à l'extrémité du plateau de Vaucresson en longeant la propriété de M. Edmond Blanc qui se trouve à notre droite. Nous arrivons au superbe point de vue déjà signalé à la promenade précédente. Une route que nous venons de laisser à notre gauche nous permet alors de descendre dans le village de La Celle-Saint-Cloud. Les belles propriétés de cette partie du plateau ont été prises sur l'ancienne *Châtaigneraie*, dont les arbres magnifiques se voient encore en grand nombre dans les jardins. Le petit village de *La Celle* est remarquable par la région particulièrement fertile qui l'environne. Les coteaux qui bordent cette partie de la vallée de la Seine, de *Buzenval* à *Saint-Germain*, présentent l'aspect d'un vaste verger par la richesse et la variété de leurs cultures. Nous devons signaler à *La Celle* l'ancien parc impérial des *Bruyères* et le beau château qui appartint à Mme *de Pompadour*. Nous prenons la direction du retour par la route de Bougival à Versailles. Elle longe la clôture du grand domaine de *Beauregard* qui domine le fond du vallon de *La Celle* et elle nous conduit au croisement de routes dont nous avons parlé à la fin de la promenade n° 9. Nous pouvons alors, ainsi qu'il a été dit, regagner **Trianon-Palace** sans traverser la ville, en obliquant à droite et entrant dans le *Parc* par la *porte Saint-Antoine*.

12 = **VELIZY, CHAVILLE** (durée : 3 h. 1/2). Point de départ : extrémité de la ligne de tramways de *Porchefontaine*. — A pied : prendre à gauche le boulevard de la Reine, puis la rue des Réservoirs, la place d'Armes, l'avenue de Paris et la rue des Chantiers jusqu'à la sortie de la ville. Nous prenons la *route de Choisy-le-Roi*, et, après le pont sur le chemin de fer, nous entrons dans les bois en obliquant à gauche et nous suivons la route forestière dite *Cordon-de-Velizy*. Velizy, à la lisière du bois, est sur le bord d'une riche région agricole. L'église, construite au XVIIe siècle, porte les armes de *Louvois*, ministre de la Guerre de Louis XIV, qui fut propriétaire de cette région. C'est près de Velizy que l'aviateur de Lambert a installé, au commencement de 1910, un poste d'aéroplanes pour ses expériences. Sans quitter le bois, nous descendons vers Chaville, passons par les étangs de l'Ursine et de l'Ecrevisse, et côtoyons le village de Viroflay. Nous admirons en passant un superbe chêne avec une statue de la Vierge, qui fait l'objet de fréquents pèlerinages. Nous rentrons dans Versailles par l'extrémité de l'avenue de Paris, où nous pouvons profiter du tramway du Louvre à Versailles, qui passe tous les quarts d'heure. — En voiture, il est difficile de s'écarter des grandes routes et d'apprécier le charme de ces bois. On peut cependant se faire conduire jusqu'à la lisière, soit à Velizy, soit aux étangs de Chaville.

13 = LES BOIS DE MEUDON (durée : 4 h. 1/2). Même point de départ que pour la promenade précédente. — Si certaines promenades, telles que celles de la vallée de la Bièvre et des vallons de Saint-Marc, doivent une partie de leur charme à la solitude du site, les *bois de Meudon* sont, au contraire, comme ceux de Velizy-Chaville, beaucoup plus fréquentés, à cause de la proximité de la ligne Paris-Versailles. Nous choisirons de préférence un jour de semaine pour les parcourir. Nous entrons dans le bois de *Velizy*, déjà signalé (V. n° 12), et, continuant à marcher dans la direction de Paris, nous arrivons à un groupe de maisons appelé *Villebon*, qui consiste surtout en un certain nombre d'auberges champêtres. L'*étang de Villebon* et l'*étang des Fonceaux* offrent des sites pittoresques. Nous reprenons la direction de Versailles à travers bois par l'itinéraire de *Chaville* et *Viroflay*. — Cette promenade dans les bois, comme la précédente, ne peut avoir tout son charme que si elle est faite à pied. On peut cependant se faire conduire en voiture jusqu'à Villebon, par le *Petit-Bicêtre*, et se faire reprendre par la voiture soit à Velizy, soit aux étangs de Chaville.

14 = LE BOIS DES GONARDS (durée : 2 h. 1/2). Même point de départ que pour la promenade précédente. — Aussitôt après avoir franchi la grille de l'octroi, nous trouvons à droite une porte d'entrée du bois. C'est devant cette porte que se font les exécutions capitales. Avant de franchir la porte, nous jetons un coup d'œil dans la direction de Paris ; à moins qu'il n'y ait beaucoup de brouillard, nous apercevons la *Tour Eiffel*. Le *bois des Gonards* est fermé de tous côtés par une clôture. Il n'est accessible qu'aux piétons. Le gibier, fort bien gardé, se compose de faisans, de lapins et de quelques chevreuils. Le terrain est accidenté et pittoresque. Au centre se trouve un rond-point entouré de sapins avec une maison forestière. Nous nous faisons indiquer la porte de sortie sur *Petit-Jouy*. Nous jetons là un coup d'œil sur la *vallée de la Bièvre*. Nous rentrons dans le bois et prenons pour le retour la direction de la *porte du Cerf-Volant*, qui se trouve au troisième sommet du triangle. Elle donne accès sur la route de *Buc* à *Versailles*, que nous traversons pour suivre celle qui s'ouvre devant nous, et conduit aux Docks militaires de *Satory*. A gauche se trouvent les jolis *bois du Désert*, peu fréquentés, comme leur nom semble l'indiquer ; mais c'est surtout à droite, dans les *bois de Satory*, que nous engageons le touriste à suivre le sentier qui l'amènera, par une belle futaie, à l'un des points de vue les plus beaux des hauteurs qui environnent Versailles. C'est un rond-point gazonné entouré de sapins, situé non loin des grands réservoirs blancs qu'on aperçoit de la ville. Là, au coucher du soleil, la beauté du site de Versailles se révèle dans son aspect féerique. Nous rentrons à Versailles en reprenant à gauche la route qui mène dans la ville par la *rue Edouard-Charton*.

15 = JOUY & LES VALLONS DE SAINT-MARC (durée : 4 h. 1/2). Point de départ : extrémité de la ligne de tramways de *Porchefontaine* (V. n° 12). — Nous nous rendons au *Petit-Jouy*, soit par la grand'route de *Jouy*, soit en traversant le *bois des Gonards*. Nous franchissons la Bièvre, et gravissons le versant opposé. Nous traversons le petit village des *Loges-en-Josas* et nous dirigeons vers l'entrée du superbe château du baron Mallet. Nous passons devant une entrée du château en la laissant à notre gauche. En arrivant à l'extrémité du mur de clôture, nous descendons à gauche une pente rapide. Nous nous trouvons ainsi au fond de l'un des deux vallons boisés, séparés par la croupe du hameau de *Saint-Marc*, qui constituent le parc du château et offrent les sites les plus pittoresques. Nous sortons de ces vallons pour retrouver à *Jouy* la vallée de *la Bièvre*. La petite ville de Jouy a été rendue célèbre sous le Premier Empire par *Oberkampf*. Il y fonda l'industrie des toiles peintes qui fut très florissante. Napoléon visita les fabriques de Jouy. Un curieux et beau dessin d'Isabey représentant cette scène existe au Musée de Versailles. Nous pourrons

***

— 18 —

revenir à Versailles par les *bois des Metz*, qui dominent Jouy sur la rive gauche de la Bièvre, et par la route de Choisy. Au hameau des Metz se trouvent plusieurs belles résidences environnées de beaux parcs. La route de Versailles à Jouy côtoie sur une partie de son parcours le vaste domaine de *La Boulie*. C'est le terrain, admirablement entretenu, de la *Société de Golf de Paris*, à laquelle contribue un grand nombre de hautes personnalités de la colonie étrangère. — Dans cette promenade, les voitures ne peuvent nous conduire que jusqu'à Jouy ; les vallons de Saint-Marc et les bois des Metz ne leur sont pas accessibles.

16 = LA HAUTE VALLÉE DE LA BIÈVRE (durée : 4 heures). Point de départ : *Saint-Cyr*. — Nous nous y rendons par le tramway électrique qui part toutes les demi-heures. Le nom de *Saint-Cyr* a été rendu illustre par la célèbre Maison d'éducation pour les jeunes filles nobles, dirigée par Mme *de Maintenon*. D'abord établie à *Montmorency*, puis à *Rueil*, puis à *Noisy-le-Roi*, elle fut enfin installée à *Saint-Cyr*, dans les bâtiments construits par *Mansart* et pompeusement inaugurés par Louis XIV en 1686. La maison ne comptait pas moins de deux cent cinquante demoiselles, quarante dames professeurs et autant de sœurs converses. L'institution fut supprimée pendant la Révolution, et Napoléon Ier utilisa les bâtiments pour y installer l'*Ecole militaire*, qui s'y trouve encore et qui compte tant de noms illustres à son Livre d'Or. Après avoir jeté un coup d'œil sur l'entrée de l'Ecole, nous montons à la station du chemin de fer et nous trouvons à sa droite un passage sous la voie qui nous mène par une montée rapide sur le plateau de *Satory*. Nous longeons le mur du terrain militaire et nous entrons dans les bois des sources de *la Bièvre*. En arrivant au ruisseau, nous prenons à gauche un sentier qui suit perpétuellement le thalweg et qui constitue une des promenades les moins connues et les plus pittoresques des environs. Nous franchissons la *route de Chevreuse* au hameau du *Val-d'Or*, où se trouve une petite auberge, et en continuant à suivre la vallée nous arrivons à *Buc*, d'où nous revenons à Versailles par le *Cerf-Volant* et la *rue Edouard-Charton* (V. n° 14). Si le temps dont nous disposons nous le permet et si nous sommes bons marcheurs, nous pouvons entrer dans la *vallée de la Bièvre* par le village de *Bouviers*, où prend sa source un petit affluent. Le cours de ces ruisseaux est fort joli et peut faire l'objet de plusieurs promenades, car il existe des sentiers sur les deux rives, dont les aspects ne sont pas les mêmes. Toutefois, nous devons recommander de choisir un temps sec, le terrain de ces bois étant quelquefois humide. — Les sentiers de la Bièvre ne sont pas accessibles aux voitures.

CONSEILS AUX CAVALIERS

Les promenades susceptibles d'être faites agréablement à cheval sont très nombreuses à Versailles, les bois entourant la ville de tous côtés. Le sol en est généralement excellent, permet les allures rapides et offre à l'occasion l'attrait sportif des passages en terrain varié.

Nous avons parlé déjà à ce sujet des grandes allées du Canal, qui constituent la promenade à cheval par excellence et qui se trouvent à la porte de *Trianon-Palace*. Cette promenade admirable a une durée qui peut varier de une heure à deux heures. — Dans les bois, nous trouvons une série inépuisable d'itinéraires intéressants : Meudon par le Cordon-de-Velizy, qui donne l'occasion d'un temps de galop de deux kilomètres ; les bois des Gonards, si proche de Versailles et dont les gracieux ombrages sont inaccessibles aux voitures ; les bois de Fausses-Reposes, qui nous mènent aux jolis étangs de Ville-d'Avray ; les bois de Vaucresson, qui nous mènent à celui de Saint-Cucufa ; les fourrés mystérieux, enchevêtrés de lianes, des vallons solitaires de la Bièvre, entre Bouviers et Buc ; les futaies et fougères de la forêt de Marly ; vers Paris, la promenade charmante qui nous mène, par les bois et le parc de Saint-Cloud, jusqu'à l'allée des Acacias du Bois de Boulogne, etc...

PROMENADES EN VOITURE

17 = MEUDON (durée : 4 heures). — Nous traversons la ville, et nous en sortons par la rue des Chantiers, qui se prolonge par la route de Choisy-le-Roi. En haut de la côte, la première route à gauche nous conduit à Velizy. De là, il est possible de gagner Meudon à travers bois, mais il est prudent de ne s'aventurer en voiture à travers les allées forestières que si le beau temps a rendu le terrain praticable. Sinon, il nous faut laisser Velizy à notre gauche, pousser jusqu'au *Petit-Bicêtre*, et prendre la première route à gauche. Elle mène à l'*Ermitage de Villebon* et traverse le bois de part en part. Nous visitons en passant l'*étang de Villebon* et l'*étang des Fonceaux*, tous deux fort pittoresques, et nous arrivons à Meudon. La petite ville de Meudon est bâtie en amphithéâtre au pied de la terrasse du château qui la domine. Elle est illustrée par de nombreux souvenirs historiques. Le *château de Meudon*, dont les premiers fondateurs sont les ducs de Guise, fut le quartier général de Henri IV au moment où la mort de Henri III, assassiné à Saint-Cloud, le fit reconnaître roi de France. Il appartint par la suite à Louvois et enfin à Louis XIV, et devint alors la demeure du Grand Dauphin. Cette résidence, alors superbe, était l'œuvre d'hommes illustres tels que Le Nôtre, Philibert Delorme, Vauban. C'est à cette époque que l'on fit, de la terrasse du château, les premières expériences de télégraphie aérienne qui ne furent reprises que sous Louis XVI, par Claude Chappe. Sous Louis XV, le château fut habité par Stanislas de Pologne. Sous la Révolution, le château devint un arsenal ; c'est là que fut confectionné l'aérostat dont on se servit à la bataille de Fleurus. Napoléon fit démolir la partie la plus ancienne du château, mais utilisa pour l'Arc de Triomphe du Carrousel, à Paris, les colonnes de marbre blanc veiné de rouge qui décoraient le portique. Le château abrita ensuite l'impératrice Marie-Louise et le roi de Rome, dom Pedro de Portugal et sa famille, le duc d'Orléans, le maréchal Soult, Jérôme Bonaparte et le prince Napoléon. En 1871, le château fut incendié. Aujourd'hui, ce qui en reste est devenu un *Observatoire d'Astronomie physique* qui eut jusqu'à ces dernières années M. Janssen pour directeur. Cet établissement est consacré plus particulièrement à l'étude du soleil. Une haute tour, au nord du château, appartient à la *Station de Chimie végétale*, qui a été dirigée par Berthelot. On peut, sur demande adressée au directeur, visiter l'Observatoire de Meudon, le premier jeudi de chaque mois. La vue qu'on a de la terrasse de Meudon passe, à juste titre, pour une des plus belles des environs de Paris. Elle s'étend sur tout Paris, avec les belles masses de verdure du *Val-Fleury* comme premier plan du côté droit. On peut arriver à Meudon par le Val-Fleury, en descendant à pied le très beau vallon qui part de l'étang de Villebon. La terrasse est ouverte au public jusqu'à 5, 7 ou 8 heures du soir, selon la saison. Les magnifiques bâtiments que l'on aperçoit en face de Meudon sont ceux des *Fondations Galliera*. Ils consistent en un orphelinat pour trois cent cinquante enfants et une maison de retraite pour cent frères instituteurs. Ils ont coûté quatorze millions, sans compter la dotation qui est de dix millions. En descendant au village, nous avons à signaler l'église qui date du xvie et du xviie siècle ; le buste de Rabelais, qui eut le titre, sinon les fonctions de curé de Meudon ; la maison de la rue des Pierres qui appartint à la femme de Molière. Nous ne quittons pas Meudon sans signaler le *Parc de Chalais* attenant à la partie sud du parc du château. Il appartint au maréchal Berthier, et servit sous Napoléon III de champ d'essai pour les mitrailleuses. Actuellement, l'*Ecole d'Aérostation militaire* y est installée. Le premier dirigeable militaire y fut construit par les officiers Krebs et Renard. En rapprochant cet événement des souvenirs du ballon sphérique de Fleurus, on constate que ce petit coin des bois de Meudon doit être considéré, dans le monde, comme le berceau de l'aérostation militaire. En sortant de Meudon, vers la Seine, nous entrons dans le village de *Bellevue*. Cet agréable site, couvert de coquettes villas, justifie son nom par le superbe panorama qui s'y découvre dans la direction de Sèvres, de Saint-Cloud, du Bois de Boulogne et d'une grande partie de Paris. Un *funiculaire* qui part du bord de la Seine permet l'ascension du coteau aux nombreux promeneurs qui arrivent de Paris en bateau. Le château qui existait autrefois à Bellevue devait son origine à un caprice de Mme de Pompadour. Louis XV l'avait fait construire pour sa favorite et y séjourna souvent; vendu pendant la Révolution, il fut presque complètement détruit. Pendant la construction du château, Louis XV résidait dans un pavillon qui a subsisté et qui porte le nom de *Brimborion*. Entre Meudon et Bellevue, la voie du chemin de fer a été le théâtre d'un accident resté tristement célèbre. C'était en 1842, et cette ligne est une des premières qui furent exploitées en France. Parmi les nombreuses victimes se trouvait l'illustre navigateur Dumont-d'Urville. Une chapelle commémorative a été bâtie sur le lieu de ce tragique événement.

18 = SÈVRES (durée : 3 heures). — Nous traversons la ville en suivant à gauche le boulevard de la Reine et la rue Duplessis qui nous mène à l'entrée de l'avenue de Villeneuve-l'Etang. Celle-ci nous conduit hors de la ville. Après avoir franchi la grille de l'octroi, nous suivons la *route de l'Impératrice* qui s'ouvre devant nous en oblique à gauche, et nous arrivons à Ville-d'Avray (V. n° 6). Nous continuons à descendre, à gauche de l'église, et nous arrivons dans Sèvres. Nous signalons en passant l'*Ecole normale d'Institutrices*, qui joue un rôle important dans l'Université de France, et gagnons le bord de la Seine, où nous trouvons une entrée de la *Manufacture Nationale de Porcelaine*. Ce superbe établissement, qui date du xviii° siècle, comprend des ateliers qu'on ne peut visiter qu'avec des cartes délivrées sur demande par lettre au directeur, et un musée céramique ouvert au public tous les jours, depuis 1 heure jusqu'à 4 ou 5 heures, selon la saison (V. guides). — Itinéraire de retour : même chemin, ou par le *parc de Saint-Cloud* (droit de passage), ou par le bois de *Chaville* et *Viroflay*.

19 = PARC DE SAINT-CLOUD — SAINT-CLOUD (durée : 3 h.). — Nous suivons à gauche le boulevard de la Reine jusqu'au bout et prenons à gauche l'*avenue de Picardie* qui nous mène à travers bois jusqu'à Ville-d'Avray. Au sortir du village, nous trouvons un vaste rond-point où s'ouvre une entrée du parc de Saint-

Cloud (droit d'entrée pour les véhicules et les chevaux). La traversée du parc nous amène à la ville de Saint-Cloud. Elle tire son nom de Clodoald, fils du roi de France Clodomir, qui y vécut saintement et y mourut en 560. C'est dire que cette petite ville est fort ancienne. Elle fut le théâtre d'un grand nombre d'événements historiques. C'est là que Henri III fut mortellement atteint par le poignard de Jacques Clément. Louis XIV y acheta une propriété dont il fit un superbe domaine pour son frère, et qui devint le *château* et le *parc de Saint-Cloud*. Le Nôtre, Mansart, Mignard y contribuèrent. C'est là que mourut Madame Henriette d'Angleterre, dont le souvenir est immortalisé par la célèbre oraison funèbre de Bossuet. Pendant le xviie et le xviiie siècle, des fêtes somptueuses y eurent lieu, où se rencontraient les plus hauts personnages de la Cour. Le Régent y reçut la visite du czar Pierre Ier. Marie-Antoinette y habita. La Révolution réserva le parc comme jardin public et débaptisa la localité qui s'appela alors Pont-la-Montagne. Avec Bonaparte, le château rentra bruyamment dans l'histoire par la journée du 18 Brumaire. Il devint la résidence d'été de Napoléon Ier. Là, fut célébré le mariage de l'Empereur avec Marie-Louise. Louis XVIII et Charles X y séjournèrent souvent; c'est de Saint-Cloud que ce dernier, chassé par la révolution parisienne, est parti pour l'exil. Napoléon III affectionnait fort cette résidence ; il en partit, pour l'armée, en 1870. Quelques mois après, pendant l'occupation allemande, un terrible incendie anéantissait le château en même temps qu'une partie de la ville de Saint-Cloud. La ville a été reconstruite, mais de la belle résidence des souverains il ne reste que le parc. Les voitures peuvent y pénétrer moyennant un droit d'entrée de un franc; toutefois, la partie du domaine voisine de la Seine, qui comprend les Cascades, l'emplacement de l'ancien château et le Trocadéro, est entourée d'une clôture et n'est accessible qu'aux piétons. Le site est admirable, et l'on peut s'y promener longuement; nous nous bornerons à signaler la *Grande-Cascade*, le *grand jet d'eau*, les différents *bassins*, le *Parc réservé* et le *Trocadéro*, le *Pavillon de Breteuil* (où se trouve l'Administration des poids et mesures), le *Ravin* et le *Pont-du-Diable*, et enfin la terrasse de la *Lanterne de Diogène*, d'où l'on a une vue superbe

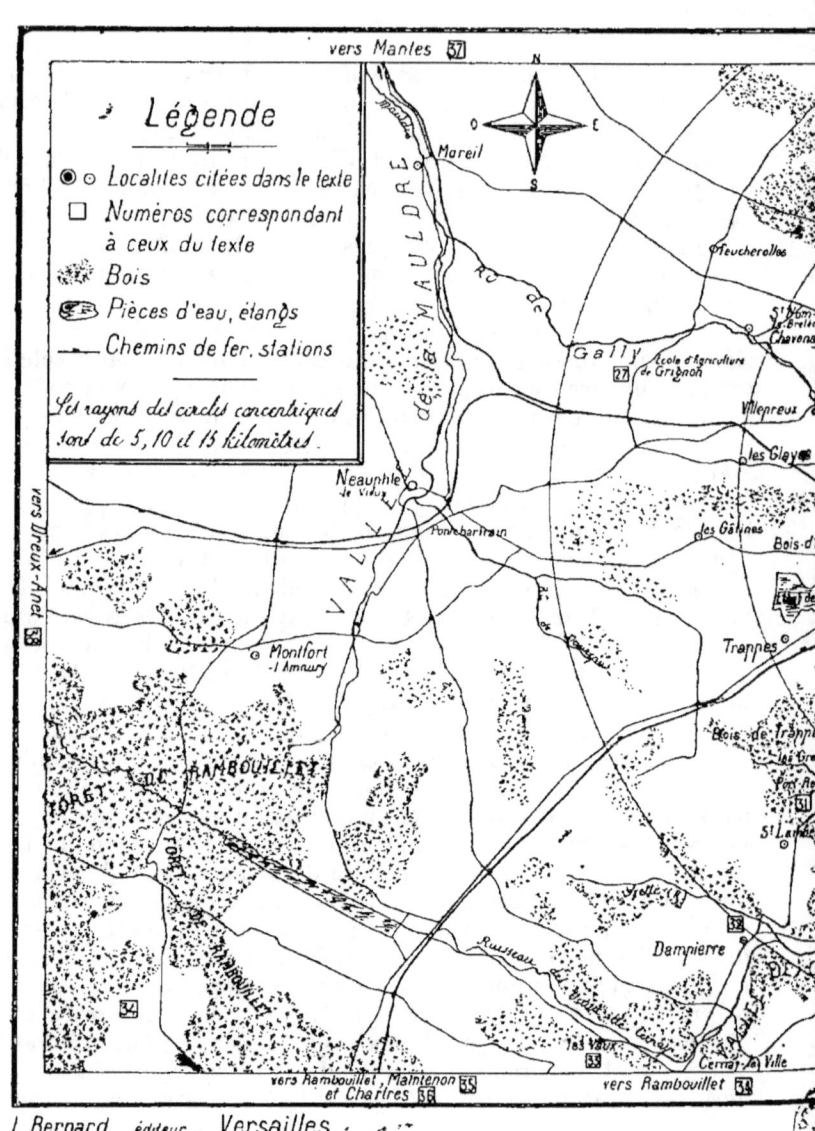

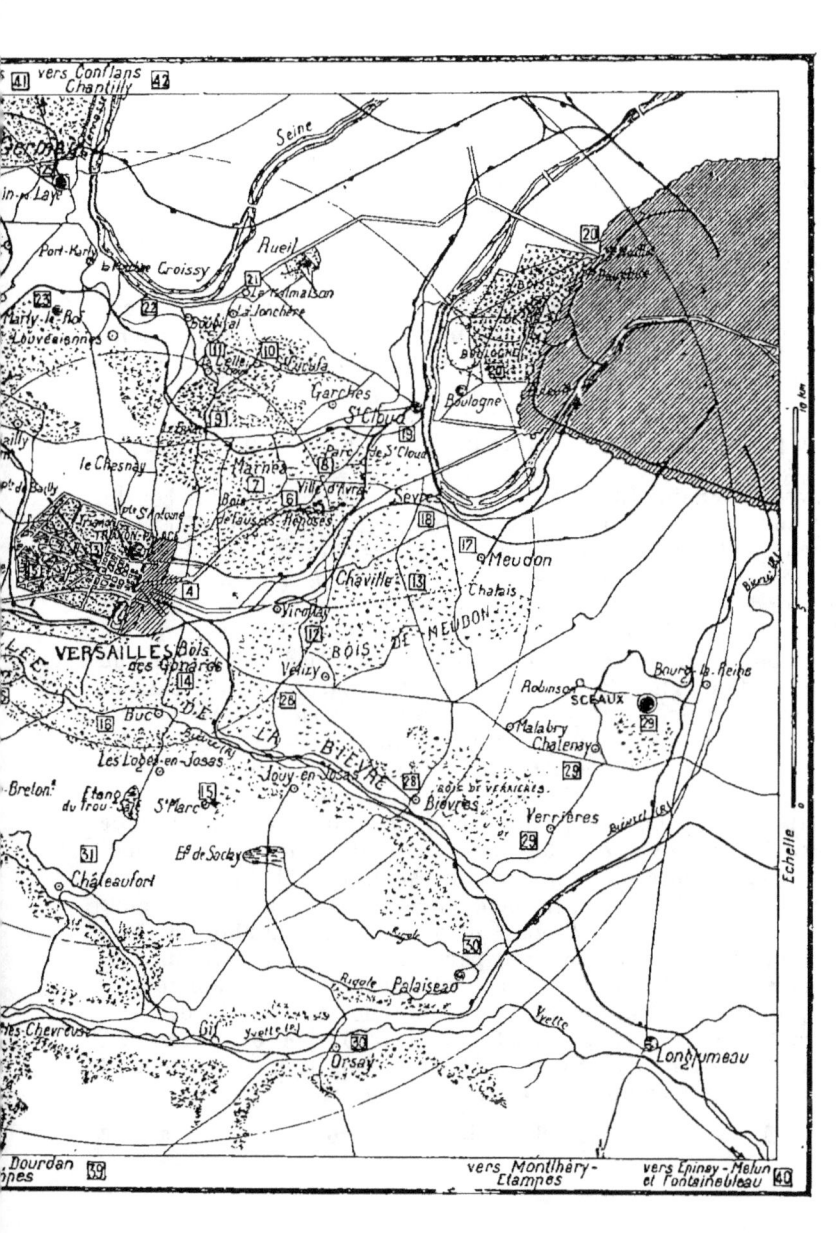

sur Paris (V. guides). Les grandes eaux du parc de Saint-Cloud jouent deux dimanches par mois. Saint-Cloud possède un hippodrome où ont lieu des courses tous les lundis pendant la saison. Pour rentrer à Versailles, on peut sortir du parc par *Saint-Cloud*, *Garches*, *Marnes* ou *Ville-d'Avray*.

20 = PARIS, par le Bois de Boulogne (durée : 4 heures). — Le *Bois de Boulogne*, cette fameuse promenade des Parisiens, peut être considéré aussi comme une promenade des environs de Versailles. Si le chemin à parcourir en partant de Versailles est plus long, il est aussi plus pittoresque, car il ne quitte les bois que pour suivre les bords de la Seine. Les trois ponts que l'on peut utiliser pour se rendre au Bois de Boulogne sont ceux de Sèvres, de Saint-Cloud et de Suresnes. La route la plus courte, en même temps fort agréable, consiste à sortir de Versailles par la grille de Picardie, suivre la *route de Ville-d'Avray* à travers le bois de Fausses-Reposes, entrer dans le *parc de Saint-Cloud* au rond-point qui se trouve au sortir de Ville-d'Avray, traverser le parc, franchir la Seine au *pont de Saint-Cloud*, tourner aussitôt à gauche, et suivre le *bord de la Seine* jusqu'à l'entrée du Bois de Boulogne. En utilisant le *pont de Suresnes*, nous passons presque au pied du *Mont-Valérien*, mamelon isolé couronné d'un fort qui joua un rôle important lors du siège de Paris, et à côté du champ de courses de Saint-Cloud, dont nous avons déjà parlé. Dans le Bois de Boulogne, de nombreux sites sont dignes d'être visités. Les *lacs*, les champs de courses d'*Auteuil* et de *Longchamps*, la *Cascade*, *Bagatelle*, l'*allée des Acacias* sont autant de lieux célèbres, sur lesquels il est inutile d'insister. La traversée du Bois nous permet d'entrer dans Paris et de gagner l'*Arc de Triomphe de l'Étoile*, soit par la Porte Dauphine et l'avenue du Bois-de-Boulogne, soit par la Porte Maillot et l'avenue de la Grande-Armée. Si l'on veut avoir l'aspect du Bois au moment de la promenade classique et quotidienne des cavaliers et des voitures, c'est entre 11 heures et midi qu'il convient de s'y trouver, et de suivre en particulier l'allée des Acacias. De nombreux et luxueux restaurants permettent de déjeuner au Bois.

21 = LA MALMAISON (durée : 4 heures). — Pour aller à

la Malmaison, nous conseillons de passer par *Vaucresson, Garches, Buzenval*. Nous avons déjà signalé la promenade de Vaucresson (V. n° 9) et le parc de Villeneuve-l'Etang (V. n° 7), avec les souvenirs qu'il évoque de la Cour impériale et de Pasteur. Cette région des environs de Paris a énormément souffert pendant le siège. Avec Saint-Cloud, c'est Garches qui a été le plus éprouvé ; on ne s'en douterait guère actuellement à voir la prospérité et la gaîté de ce petit village. Le sol, très fertile, permet la culture des légumes et des fruits les plus variés. En arrivant sur les hauteurs de Buzenval, nous avons une vue superbe vers la plaine et vers le Mont-Valérien. Sur la colline qui s'étend de Buzenval à la Malmaison furent livrés de furieux combats pendant le siège de Paris. Un monument commémoratif se trouve à notre droite. Nous en trouvons un autre à gauche, à flanc de coteau en allant vers la Malmaison, près du château de Buzenval qui est devenu un établissement religieux. Il n'est pas sans intérêt de descendre jusqu'à *Rueil*, auquel est attaché le souvenir du *cardinal de Richelieu* et de son château fameux, dont il ne reste malheureusement rien. L'église de Rueil mérite d'être signalée, car elle est curieuse par son histoire, sa construction, et par la richesse de sa décoration intérieure. Là reposent les restes de l'impératrice Joséphine et de la reine Hortense. Il existe à Rueil une caserne construite sous Louis XV, comme l'atteste son fronton sculpté, et, dans le cimetière, un monument commémoratif de cinq cents soldats tués pendant le siège de Paris aux environs de la ville. En quittant Rueil, la grand'route de Paris à Saint-Germain nous amène à la Malmaison, dont le château est rendu célèbre par les souvenirs du Premier Empire. Maison fort modeste à l'origine, cette propriété fut vendue à Joséphine de Beauharnais, femme de Bonaparte, qui ne cessa d'aimer et d'embellir cette résidence, à travers les succès et les revers de sa fortune. C'est là que Bonaparte prépara le 18 Brumaire. C'est là que Joséphine se retira après son divorce, qu'elle mena une existence environnée d'honneurs, qu'elle reçut en 1814 la visite des souverains alliés et qu'elle mourut. C'est en ce lieu, témoin des heures les plus calmes et les plus heureuses de sa vie, que Napoléon voulut revenir quand il sentit que la fortune l'avait abandonné. C'est enfin de la Malmaison qu'il partit pour le voyage fatal qui devait le conduire au *Bellérophon*. Après avoir appartenu à la reine d'Espagne Marie-Christine, qui le vendit à Napoléon III, le château a été récemment transformé en un intéressant *Musée* où sont conservés de nombreux souvenirs de Napoléon et de Joséphine. Il est ouvert au public de 11 heures à 4 heures. L'*ancienne Orangerie* de ce domaine est devenue un château fort coquet appartenant au comte de Bari. Pour rentrer à Versailles, nous quittons la Seine un peu en aval de la Malmaison, en gravissant la montée rapide de la route de *La Jonchère*. Ce lieu mérite d'être signalé à cause de ses souvenirs historiques. Le château appartint à un certain nombre de personnages célèbres et en particulier à Mme de Metternich, que l'impératrice Eugénie vint souvent y voir. Il appartient actuellement à la famille Bérard. En face se trouve une belle propriété où mourut en 1883 le romancier russe Tourgueneff. La route de la Jonchère nous conduit à travers les arbres superbes du *Vallon-des-Châtaigniers* jusqu'à l'entrée du château de M. Edmond Blanc. Nous trouvons là un des plus charmants panoramas qu'il soit possible de contempler (V. n° 10). La même route nous ramène à Versailles par le plateau de *Vaucresson* et *le Butard*.

22 = BOUGIVAL (durée : 3 heures). — Nous quittons Versailles par *Glatigny* et *le Butard* (V. n° 10). — Nous profitons de la proximité de l'*étang de Saint-Cucufa* pour aller passer quelques instants sous les ombrages pittoresques de ses bords. Nous revenons sur le plateau de Vaucresson et descendons par le versant opposé dans le gracieux village de La Celle-Saint-Cloud. Il s'abrite au creux d'un charmant vallon dont le fond est dominé par la superbe propriété de Beauregard et dont les pentes offrent l'aspect le plus riant par la richesse et la variété de leurs cultures, comme par les masses de verdure qui en couronnent les sommets. Nous devons signaler le beau *château de La Celle*, qui appartint à des personnages illustres, tels que le duc de La Rochefoucauld, fils de l'auteur des *Maximes*, et Mme de Pompadour. Il est actuellement la propriété de la famille Pescatore. A mentionner aussi l'ancien parc impérial des Bruyères, dont un gardien peut permettre l'accès. En descendant vers la Seine, nous quittons la Celle-Saint-Cloud pour entrer dans Bougival. La route passe devant un monument commémoratif d'actes d'héroïsme accomplis par des habitants de ces villages, pendant le siège de Paris en 1871. *Bougival*, fort populaire, il y a quelques années, parmi la jeunesse parisienne, a beaucoup perdu de sa vogue depuis que les sports sur route ont remplacé le canotage. Toutefois, les amateurs de promenades sur l'eau y trouvent encore des bateaux en location. En suivant le bord de la Seine vers l'aval, nous arrivons à la *Machine de Marly*. La machine actuelle, construite en 1859, remplace celle qui avait été installée sous Louis XIV; elle a été considérée comme un chef-d'œuvre à l'époque de sa construction. Elle n'emprunte au courant de la Seine que la force motrice; l'eau qu'elle élève est puisée dans une nappe d'eau souterraine qui se trouve aux environs de Croissy, en amont sur la rive droite. Nous revenons à Versailles en passant par *Louveciennes*; ce site pittoresque doit sa célébrité à la vue superbe de la vallée de la Seine, à la richesse du sol qui permet la culture des fruits, des légumes et des fleurs, à l'aqueduc dont la silhouette familière à tous les habitants de la région se profile sur le ciel avec une élégante hardiesse, et enfin aux souvenirs historiques du xviiie siècle. C'est à Louveciennes, en effet, que Louis XV fit construire un château pour sa favorite, Mme *Du Barry*. Elle y habita pendant le règne de Louis XVI. Il reste de ce domaine un pavillon, dit pavillon Du Barry. C'est au parc qui entourait le château, et qui a été morcelé, que de nombreuses propriétés doivent les beaux ombrages dont elles sont fières. Quant à l'aqueduc, il est le point de départ de la canalisation qui amène l'eau de Marly à Versailles. Signalons, en passant, l'église de Louveciennes, dont les parties les plus anciennes sont du xiiie siècle et où se trouve un tableau de Mme Lebrun. Nous revenons à Versailles par la grand'route de *Rocquencourt*. Près du carrefour de ce nom est le magnifique domaine qui fut la propriété de Mme Furtado-Heine, bien connue pour ses œuvres philanthropiques; il apppartient aujourd'hui au prince Murat.

23 = **MARLY** (durée : 3 heures). — En sortant de **Trianon-**

Palace, nous franchissons la grille de l'octroi et suivons à droite l'avenue Saint-Antoine. — Nous passons par la porte Saint-Antoine et nous prenons la grand'route de Rocquencourt qui s'ouvre à notre gauche. Quelque cent mètres avant d'arriver à hauteur de Louveciennes, nous trouvons à gauche une porte qui nous donne accès dans la *forêt de Marly*. Une route nous mène de là dans le village de *Marly*, dont le nom évoque tout un monde de souvenirs du xviie siècle. Le *château* que Louis XIV y avait fait construire fut longtemps sa résidence préférée. Ce n'est pas sans regrets que l'on constate aujourd'hui sa disparition complète. Là, comme à Versailles, il fallut qu'une nature rebelle se pliât à la volonté du monarque, et qu'une région inculte n'offrant que des bois et des marécages devînt un parc majestueux entourant un somptueux palais. C'est près du bassin appelé l'*Abreuvoir* qu'il faut chercher les vestiges de ce passé glorieux; on peut deviner actuellement, par quelques points de repère, l'emplacement du pavillon central, qui était occupé par le Roi et qui figurait le soleil, alors que douze autres constructions plus petites représentaient les signes du zodiaque et étaient réservées aux seigneurs de la Cour invités par le Roi à séjourner à Marly en même temps que lui. Ces séjours du Roi à Marly, assez courts et ayant la chasse pour principal motif au début, devinrent ensuite de plus en plus prolongés, alors que le Roi devenu vieux allait y chercher avec Mme de Maintenon une retraite paisible. Après avoir goûté le charme mélancolique de cette évocation d'une splendeur anéantie, nous revenons au village de Marly où nous admirons plusieurs belles propriétés, et en particulier le château du « Chenil », celui de « Mes Délices », à la comtesse de Grammont, et surtout la villa Montmorency, ancienne habitation de *Victorien Sardou*. L'entrée de la villa est bordée d'une double rangée de sphinx. La grille de fer forgé est copiée sur celle du Potager de Versailles. Sardou avait fait de son habitation un curieux *Musée* historique et artistique dont l'entrée peut être accordée sur une demande par lettre. C'est un peu plus loin, à *Port-Marly*, que se trouve la propriété appelée « Monte-Cristo », bâtie par *Alexandre Dumas*. Nous ne quitterons pas ce pays sans jeter un coup d'œil sur *L'Etang-la-Ville*, qui se cache dans la verdure au revers de la colline de Marly, dans le creux d'un charmant vallon. Les pentes en sont couvertes d'une végétation admirable. Les amateurs de souvenirs historiques y trouvent une vieille église et le château de l'Auberderie, ancienne propriété de la duchesse de Richelieu. Nous revenons à Versailles par la *forêt de Marly*, d'où nous sortons par la *porte de Maintenon*. Près de cette porte, le village de *Bailly* possède une église qui n'est pas dénuée d'intérêt; le chœur a été bâti par Mme *de Maintenon*. Au village contigu de Noisy-le-Roi, elle avait installé un certain nombre de jeunes filles avant l'organisation de la maison célèbre des Demoiselles de Saint-Cyr. Il existe là de belles habitations modernes, mais l'ancien château a disparu. Pour revenir de Bailly à Versailles, la route la meilleure passe par *Rocquencourt*. Si nous ne craignons pas les mauvais chemins, nous pouvons revenir en passant par le Parc. Nous prenons alors la direction de Saint-Cyr, puis le premier chemin à gauche qui nous mène à la *porte de Bailly*, que l'on doit ouvrir soi-même, et nous rentrons à l'Hôtel par Trianon.

24 = **FORÊT DE MARLY** (durée minimum : 2 h. 1/2). — Nous prenons la direction de *Rocquencourt* (V. n° 23). A ce carrefour, nous suivons à gauche la route de Bailly jusqu'à la *porte de Maintenon*, par laquelle nous entrons dans la forêt. En haut de la côte, nous trouvons à gauche la *route Royale*, qui traverse toute la forêt dans sa longueur. Nous la suivons sur un parcours d'environ cinq kilomètres jusqu'à la *place Royale*. Là nous prenons à droite la route de Fourqueux jusqu'à l'Etoile des Curieux, nous obliquons à droite, passons par l'Etoile Dauphine et gagnons l'*Etoile Magnifique*. (Un quart d'heure à pied, superbe point de vue de Mareil, en passant par l'Etoile du Chêne au Chat). Nous revenons en arrière par la route de Fourqueux jusqu'à la route Dauphine, que nous prenons à droite et que nous suivons jusqu'à l'*Etoile de Retz*. C'est près de ce carrefour que se trouve l'emplacement de l'ancien château de Retz, dont il ne reste que les fossés et quelques pierres. Nous revenons en arrière et, au carrefour de « la Descente », nous tournons à droite à angle aigu vers la *Belle Etoile*, où nous retrouvons à gauche le chemin du retour par la route Royale. (Un quart d'heure à pied de la Belle Etoile, très beau point de vue sur la vallée du ru de Gally à la lisière de la forêt, près du carrefour d'Apollon.) La forêt est fort giboyeuse. Dans la partie voisine de Louveciennes se trouvent les réserves de faisans et les tirés des chasses du Président de la République (il en existe également à Rambouillet). La forêt donne asile à de nombreux chevreuils. Pour pouvoir apprécier comme elles le méritent les beautés de la forêt de Marly, il ne faut pas craindre de s'y enfoncer assez avant, car les parties les plus belles sont à hauteur et au delà de la place Royale. Si l'on est amateur de pique-nique, on consacrera une journée entière à la forêt et on déjeunera sous ses ombrages. On pourra utiliser dans ce cas les tables de pierre qui existent à quelques-uns de ses carrefours (la Table du Roi), et qui paraissent avoir été destinées jadis à un pareil usage.

25 = SAINT-GERMAIN (durée minimum : 3 heures). — Aller par *Marly* et *Port-Marly*, retour par *Fourqueux*, la *forêt de Marly* (carrefour Royal), *Noisy-le-Roi* et *Rocquencourt* (V. n° 23). Les origines du château remontent au XII° siècle. Rebâti au XIV° siècle, comme en atteste le donjon resté intact depuis cette époque, il doit l'ensemble de son architecture à François I°r, et son gracieux campanile à Louis XIV. De plus, Henri IV avait fait construire un corps de bâtiment dont il ne reste plus que le pavillon célèbre qui porte son nom. Louis XIII affectionnait Saint-Germain et l'habitait presque constamment. Nous n'insisterons pas sur l'intérêt considérable que présente le château, au point de vue historique et architectural. Il évoque les souvenirs les plus lointains et les plus brillants depuis le XII° siècle jusqu'à Louis XVI. Nous renvoyons le visiteur aux guides spéciaux. Signalons cependant le *parterre* de Le Nôtre ; la *terrasse*, qui passe à juste titre pour une des plus belles promenades qu'on puisse voir ; la *chapelle* du château, si proche parente de la Sainte-Chapelle de Paris ; le *pavillon Henri IV*, où naquit Louis XIV, le riche *musée archéologique* créé sous le Second Empire, et enfin la *forêt* qui ouvre devant nous ses longues et belles allées. Si nous avons le temps d'allonger notre excursion d'une quinzaine de kilomètres, la traversée de la forêt de Saint-Germain nous mènera à *Maisons-Laffitte*, qui offre un grand intérêt à cause de son *parc* et de son *château*. Celui-ci, considéré comme le chef-d'œuvre de Mansart, abrita sous Louis XV une société choisie de savants et de gens de lettres dont le célèbre président « De Maisons » était le Mécène. Voltaire y composa *la Henriade*. Plus tard, le château appartint au maréchal Lannes et au financier Laffitte. Aujourd'hui, il est propriété de l'Etat et on peut le visiter.

26 = **LES ÉTANGS DE SAINT-QUENTIN** (durée : 3 heures). — En sortant de **Trianon-Palace**, nous franchissons la grille de l'octroi, nous suivons l'avenue de Trianon, tournons à gauche, contournons la tête du Canal et rejoignons la *grand'route de Saint-Cyr*, que nous prenons à droite. Avant d'arriver au village, nous remarquons à droite de la route le grand hangar qui sert d'abri au ballon dirigeable du comte de la Vaulx. Nous traversons le village en montant à gauche la côte de la *route de Trappes*. A la sortie de Saint-Cyr, nous apercevons à droite de notre route le champ de manœuvres de l'Ecole militaire, sur le bord duquel sont construits des hangars. L'un d'eux abrite des aéroplanes de M. Santos-Dumont. Les autres sont destinés à une école d'aérostation. Dans la plaine, nous apercevons à droite les talus du fort de Saint-Cyr. Nous faisons arrêter la voiture à un tournant de la route que l'on appelle *les Quatre-Pavés*. Ayant gravi à pied le chemin qui mène sur la digue de retenue, nous sommes surpris de l'étendue d'eau qui s'offre au regard. Il existe sur ce plateau plusieurs étangs. Celui-ci est le plus grand et c'est lui qui offre aussi le plus bel aspect; il est fort poissonneux. Tous ces étangs sont dus aux travaux exécutés sous Louis XIV pour amener l'eau dans Versailles concurremment avec la Machine de Marly. Les rigoles nécessaires existent encore et sillonnent la campagne entre la vallée de la Bièvre et les vallées de Chevreuse. On peut revenir dans Versailles soit par le même chemin, soit en faisant le tour de l'étang et en passant par le *Bois-d'Arcy*, le *Pont-au-Diable*, la *chapelle Saint-Jean*, d'où l'on jouit d'une vue superbe sur la vallée de Villepreux, et enfin *Saint-Cyr*.

27 = **FERME DE GRIGNON** (durée : 5 heures). — Dans

cette promenade, nous quittons les bois pour goûter le charme des larges horizons d'une riche région agricole. Nous prenons la direction de *Bailly* (V. n° 24) et continuons jusqu'à *Noisy-le-Roi*, où nous tournons à gauche pour gagner *Rennemoulin*. A partir de Rennemoulin, hameau champêtre et verdoyant, nous suivons le cours du *ru de Gally*; ce ruisseau n'est autre chose que le déversoir des eaux du parc de Versailles ; il se jette dans la Mauldre, affluent de la Seine. Nous traversons *Villepreux*, caché dans le fond du vallon au milieu de grands arbres ; c'est la modeste capitale de ce pays rustique. Son église du xii° siècle n'est pas dénuée d'intérêt. Après *Chavenay*, nous arrivons enfin à *Grignon*, dont l'excellente et curieuse *Ecole d'Agriculture* justifie sa réputation. En s'adressant au gardien, on peut visiter l'établissement. L'Ecole a été organisée en 1848 dans le beau *château* de Grignon, du xii° siècle ; elle est entourée d'un *parc* de 200 hectares. Nous profitons de sa proximité pour jeter un coup d'œil sur le *château de Wideville*, qui appartient au comte de Gallard, et nous reprenons la direction du retour par *Les Clayes* et *Saint-Cyr*.

28 = JOUY — BIÈVRES — BEL-AIR — MONTÉCLIN (durée : 3 heures). — Nous prenons à gauche le boulevard de la Reine, puis à droite la rue des Réservoirs jusqu'au Château. Nous traversons la place d'Armes, et gagnons par l'avenue de Paris l'entrée de la rue des Chantiers qui nous mène hors de la ville. Après le pont Colbert, nous quittons la route de Choisy pour descendre à droite vers le village de *Jouy*. Nous sommes alors séparés par la voie ferrée des pentes gazonnées du superbe *jeu de golf de la Boulie*. A partir du Petit-Jouy, nous descendons la jolie *vallée de la Bièvre*. Nous avons déjà recommandé au piéton d'en visiter la partie haute. Pour être moins sauvage, le cours inférieur n'en a pas moins de charme. C'est là une des plus ravissantes promenades des environs immédiats de Versailles. En quittant *Bièvres*, nous reprenons la direction du retour en gravissant le coteau de la rive gauche et en passant près des beaux châteaux de *Bel-Air* et de *Montéclin*.

29 = SCEAUX (durée : 4 h. 1/2). — Si nous parlons plus loin d'Orsay (n° 30) comme d'une villégiature de luxe, nous devons signaler au contraire, du côté de *Sceaux*, une région parsemée de maisonnettes et d'auberges offrant l'aspect le plus populaire. Une foule parisienne vient s'y ébattre bruyamment le dimanche. Nous choisirons de préférence un jour de semaine pour y goûter l'agrément d'une jolie promenade. La *grand'route de Choisy* (V. n° 28), que nous suivons tout droit après le pont Colbert, nous mène d'abord à *Robinson*. C'est là surtout que se donne libre cours la joie dominicale et tapageuse des promeneurs parisiens. Plusieurs restaurants offrent à leurs clients l'originalité d'une salle à manger perchée dans les branches d'un arbre. De nombreux loueurs de chevaux et d'ânes permettent aux cavaliers improvisés du dimanche l'organisation de cavalcades souvent comiques, dans les environs et en particulier dans le joli *bois de Verrières*. Après un coup d'œil sur ce lieu cher à la jeunesse du peuple de Paris, nous prenons la direction de Sceaux et de Bourg-la-Reine. *Sceaux* doit sa fortune au château que *Colbert* y fit construire. Perrault, Le Nôtre, Puget, Girardon y contribuèrent. Après avoir appartenu au duc du Maine, fils légitimé de Louis XIV et de Mme de Montespan, après avoir reçu des hôtes illustres tels que Voltaire, qui y composa trois de ses tragédies, cette superbe résidence fut malheureusement abîmée. En dehors de la propriété de Trévise, bâtie sur l'emplacement du château, il ne reste plus que les quelques allées du *parc de Sceaux*, qui est ouvert au public; ses ombrages en font une belle promenade. Si nous avons le temps d'allonger notre excursion d'une demi-heure, nous poussons jusqu'à *Bourg-la-Reine*, qui évoque le souvenir de *Condorcet*. C'est à la maison d'arrêt, sise au n° 49 de la Grande-Rue, que ce savant mourut tragiquement sous la Terreur, en s'empoisonnant pour échapper à l'échafaud. A Bourg-la-Reine habita longtemps et mourut André Theuriet. — La route du retour par *Châtenay*, *Verrières* et *Bièvres* nous offre les paysages les plus pittoresques.

30 = ORSAY (durée minimum : 4 h. 1/2). — Nous pouvons gagner directement Orsay en quittant à *Jouy* la *vallée de la Bièvre* (V. n° 28). Nous passons alors près de *l'étang de Saclay* qui était destiné, comme ceux de Saint-Quentin et du Trou-Salé, à envoyer ses eaux à Versailles. Il est très poissonneux et attire de nombreux oiseaux de marais. En descendant les pentes de la vallée de Chevreuse, nous trouvons à notre gauche le château de Corbeville ; on accorde l'autorisation de parcourir ses jardins. Orsay se trouve au pied du versant. Si nous pouvons allonger un peu notre promenade, nous quittons la vallée de la Bièvre dès que nous sommes à *Buc*, pour prendre la direction de *Châteaufort*, où nous descendons à gauche vers la vallée de l'Yvette. Nous passons alors près de *Gif*. On peut y visiter une ancienne abbaye en demandant à l'avance l'autorisation ; les ruines de son église ne manquent pas d'intérêt, et on y jouit d'une très belle vue. De Gif, la vallée nous conduit à *Orsay*. Cette localité est la villégiature élégante de la région. De nombreuses et luxueuses villas y ont été construites. Il exista longtemps à Orsay un très ancien château qui appartint, au XVIIIe siècle, à un conseiller au Parlement. C'est en l'honneur de ce dernier, seigneur d'Orsay, que ce nom fut donné à un des quais de la Seine dans Paris. Le château fut entièrement démoli au commencement du siècle dernier. Il n'en reste plus qu'un petit « Temple de la Gloire », monument élevé jadis en l'honneur du général Moreau et qui se trouve dans une propriété de l'avenue Saint-Laurent. Continuant à descendre le cours de l'Yvette, nous passons en vue du hameau de Lozère à notre gauche, rendez-vous de nombreux peintres de paysages, et nous voyons la vallée s'épanouir à *Palaiseau*. Le coteau au pied duquel est bâti ce village offre un point de vue superbe sur la vallée. Avant de reprendre le chemin de Versailles, signalons ici un souvenir curieux et triste. C'est à Palaiseau qu'eut lieu, au XVIIIe siècle, l'injuste condamnation d'une innocente servante qui devint l'héroïne de la *Gazza Ladra* de Rossini. Nous revenons à Versailles par la *vallée de la Bièvre*.

31 = PORT-ROYAL ET CHEVREUSE (durée minimum : 5 heures). — En quittant **Trianon-Palace**, nous prenons à gauche le boulevard de la Reine, puis à droite la rue des Réservoirs. Nous traversons en diagonale la place d'Armes, pour gagner la rue Satory. Celle-ci nous mène hors de la ville sur la *route de Chevreuse* qui franchit le plateau *Satory*, champ de manœuvres de la garnison de Versailles, et nous conduit directement à *Port-Royal*. Peu de sites évoquent des souvenirs plus mélancoliques que ce vallon solitaire, sur lequel passa d'une façon si impitoyable la colère d'un roi tout-puissant. De la fameuse *abbaye*, il ne reste plus guère que le souvenir. C'est à peine si quelques soubassements cachés dans l'herbe, un colombier et la base d'une vieille tour enfouie sous le lierre nous révèlent l'emplacement des vastes bâtiments dont les hôtes eurent un rôle si considérable dans l'histoire religieuse du siècle de Louis XIV. L'annexe des *Granges*, retraite des « solitaires », existe encore sur le coteau du côté de Versailles. Elle est devenue propriété particulière et on ne la visite pas. En revanche, une société s'est fondée pour perpétuer sur les lieux mêmes une illustre mémoire. Sur l'emplacement de l'ancienne église de l'abbaye, elle a bâti une sorte de chapelle. Il s'y trouve une collection de souvenirs fort intéressants et l'accès en est ouvert au public. Les guides de la région et le gardien du lieu donnent sur Port-Royal une foule de curieux détails. Qu'il nous suffise de rappeler le nom des religieuses célèbres : Angélique Arnaud et Jacqueline Pascal, ainsi que ceux des jansénistes fameux : de Sacy, Nicole et Arnaud. Deux noms enfin dominent tous les autres : ceux de *Pascal*, qui écrivit là *les Provinciales*, et de *Racine*, l'immortel poète. Outre ces souvenirs, le site mériterait d'être visité pour le charme exquis de son paysage, et l'on ne peut songer sans sourire que c'est là le « désert affreux » auquel fait allusion Mme de Sévigné dans ses lettres en parlant de la retraite des solitaires. Si le promeneur a le loisir de rayonner aux environs immédiats de Port-Royal, nous devons lui signaler la proximité du *bois de Trappes*, à la lisière duquel se trouve le château du Manet ; le village de *Saint-Lambert* est digne d'être mentionné, car c'est dans la fosse commune de son cimetière que furent jetés les ossements provenant de Port-Royal, lors de la démolition de l'abbaye. Enfin, l'église de *Magny-les-Hameaux* a recueilli de nombreux restes de l'abbaye de Port-Royal et elle est presque entièrement pavée de pierres tombales provenant de son cimetière. Quittant Port-Royal, nous descendons ce vallon verdoyant pour gagner *Chevreuse*. Nous sommes alors au cœur d'une région particulièrement pittoresque, la plus belle peut-être des environs de Paris. C'est la région des vallées célèbres de l'*Yvette* et de ses affluents. Ce n'est pas seulement au paysage que Chevreuse doit sa célébrité. Le *château* de Chevreuse, qui appartient aux *ducs de Luynes*, évoque avec le nom de cette illustre famille une foule de souvenirs historiques qui remontent aux intrigues du règne de Louis XIII et de la Fronde. Un gardien le fait visiter. Dans la petite ville se trouvent quelques maisons curieuses de la Renaissance. Nous prenons la direction du retour en descendant la vallée de l'Yvette, et remontant celle d'un de ses affluents jusqu'à *Châteaufort*. Ce petit village doit son nom à une forteresse ruinée pendant les guerres de religion. Il mérite d'être signalé, car on a de la terrasse de l'église une vue magnifique. Nous rentrons à Versailles en passant à côté de l'étang du *Trou-Salé*, qui fait partie de l'ancien système d'alimentation d'eau de Versailles, et sur les bords duquel se trouvent les hangars d'aviation de MM. Esnault-Pelterie (Rep) et Maurice Farman. C'est de là que ce dernier prit son envolée jusqu'à Chartres, en novembre 1909. Nous rentrons enfin dans Versailles par *Buc*, en traversant la vallée de la Bièvre aux arcades de l'*aqueduc* qui amène à Versailles les eaux du vaste plateau que nous venons de quitter.

32 = **DAMPIERRE** (durée minimum : 5 h. 1/2). — Nous quittons Versailles par la *route de Chevreuse* (V. n° 31). Nous traversons le charmant vallon de *Port-Royal* et, poursuivant notre route, nous descendons dans le fond de la vallée de l'Yvette où nous trouvons *Dampierre*. Là, comme à Chevreuse, nous sommes séduits par le plus verdoyant et le plus pittoresque des paysages. Là aussi nous trouvons un *château* célèbre et riche en souvenirs. Il appartient, comme celui de Chevreuse, à la famille *de Luynes*. Bâti au XVIe siècle par le cardinal de Lorraine, il fut remanié au XVIIe siècle sur les dessins de Mansart. Le parc et les jardins sont admirables. Il est possible de visiter cette superbe résidence, mais il est nécessaire de s'être procuré des cartes spéciales qui sont envoyées par M. le duc de Luynes sur une demande écrite, spécifiant le nombre des visiteurs. Nous reprenons la direction de Versailles en descendant la belle vallée de l'Yvette, passant par Chevreuse, et regagnant Versailles par une des routes déjà signalées (Port-Royal ou Châteaufort).

33 = **DAMPIERRE ET LES VAUX-DE-CERNAY** (durée minim. : 6 heures). — Nous avons signalé, à la promenade n° 32, la route pittoresque qui mène à *Dampierre*. Quelques kilomètres plus loin, elle nous conduit, en remontant le cours de l'Yvette, jusqu'au site charmant des *Vaux-de-Cernay*, bien connu des peintres de paysages. Le vallon verdoyant où nous sommes alors est d'autant plus curieux que le ruisseau, sur une partie de son cours, y circule en cascades au milieu de blocs de rochers. L'hôtel des Cascades est depuis longtemps une pension d'artistes; comme il arrive en pareil cas, il est devenu un petit musée par les œuvres que les peintres y ont laissées en souvenir. On y reçoit tous les renseignements relatifs aux curiosités à voir dans le vallon. Outre le sentier qui longe les *cascades*, nous signalons les *étangs*, les belles futaies des bois d'alentour, le petit établissement de *pisciculture* auquel le promeneur peut s'intéresser, et surtout le superbe *château des Vaux-de-Cernay*, appartenant à la famille de *Rothschild*. Il se trouve en amont et il est bâti sur le domaine de l'*abbaye* des Vaux-de-Cernay. On peut le visiter, sur demande écrite, le jeudi, de midi à 4 heures. Fondée au XIIe siècle par Simon de Montfort, l'abbaye tombait en ruines quand la famille de Rothschild l'acheta et fit exécuter avec infiniment de goût des travaux considérables de restauration et de conservation, auxquels contribue encore actuellement le baron Henri de Rothschild. Si le promeneur peut allonger légèrement la route du retour, il pourra varier son itinéraire d'une façon charmante en descendant la vallée de Chevreuse jusqu'à *Chevreuse*, et revenir à Versailles par *Châteaufort* et Buc.

En automobile, toutes ces promenades se font très facilement dans la demi-journée. Si l'on est en voiture, nous conseillons au contraire, pour plusieurs d'entre elles, de déjeuner en route, à cause de la durée du parcours et du charme de jolis sites que cette halte permettra de mieux apprécier. Telles sont les promenades de Saint-Germain, Forêt de Marly, Orsay, Chevreuse, Dampierre et des Vaux-de-Cernay.

PROMENADES
EN AUTOMOBILE

34 = **RAMBOUILLET, par Port-Royal et Dampierre** (35 k.). — *Château :* Souvenirs historiques nombreux. François Ier y mourut. Appartint au comte de Toulouse, fils de Louis XIV et de Mme de Montespan. Devint avec Louis XVI une dépendance de la couronne de France. Napoléon Ier et Marie-Louise. Terrain de chasse préféré de Charles X ; c'est de là qu'il partit pour l'exil. Actuellement, une des résidences d'été du Président de la République. Chasses présidentielles. On visite le château quand le Président n'y est pas. — *Jardins et parc :* Très vastes et très beaux. Les canaux, le parterre, le jardin anglais, la grotte de Rabelais, la laiterie de la Reine, etc... (V. guides). — *Ferme nationale :* Ecole de bergerie dans le parc. — *Forêt :* Très belle et très étendue. Célèbre par les brillantes chasses à courre de l'équipage de la duchesse d'Uzès. Ces chasses ont lieu régulièrement pendant la saison. Points remarquables : Poigny, la Croix-de-Villepert, Saint-Léger-en-Yvelines, très pittoresque et très fréquenté par les peintres ; Gambaiseuil, le château de la Boissière et l'orphelinat Hériot, Clairefontaine, l'étang de la Tour, où a lieu la curée ainsi qu'une fête champêtre pour les habitants de la région, le lundi de la Pentecôte ; la route de la vallée de Guesle (étangs).

35 = **MAINTENON, par Rambouillet** (58 kil.). — *Château :* Elevé sous Louis XI. Dépendit de Rambouillet. Acheté et donné par Louis XIV à Mme de Maintenon ; celle-ci le donna, par la suite, en mariant sa nièce, à la famille de Noailles, qui le possède encore actuellement. On le visite quand le duc de Noailles n'y est pas. — *Parc* magnifique, ouvert au public. Une allée a conservé le nom de Racine, qui s'y promena. — *Aqueduc* dont les ruines curieuses subsistent et par lequel Louis XIV voulait amener l'eau à Versailles. Travail colossal qui coûta beaucoup d'hommes et d'argent, et qui resta inachevé à cause des guerres de la fin du règne.

36 = CHARTRES, par Rambouillet et Maintenon (70 kil.); par Rambouillet et Gallardon (65 kil.). — *Ville* : Une des plus anciennes de France. Soutint des sièges. Patrie de Marceau et de Chauveau-Lagarde, le défenseur de Marie-Antoinette. La Porte Guillaume. Vieilles maisons (rue Porte-Cendreuse). — *Cathédrale* : Une des plus belles cathédrales de France ; à certains points de vue, la plus belle (V. ouvrages spéciaux). Commencée au XIe siècle, achevée au XIIIe siècle. Visite des clochers, extrêmement curieux comme architecture (Panorama merveilleux).

37 = MEULAN-MANTES, par Saint-Germain et Poissy. — *Saint-Germain* (12 kil.) (V. n° 25); — *Poissy* (18 kil.). Ville très ancienne, où naquit saint Louis, bâtie dans un site charmant. Statue de Meissonier, par Frémiet. Nous restons sur la rive gauche et prenons la direction de Villeneuve ; — *Médan* (23 kil.). Village rendu célèbre par E. Zola ; — *Verneuil* (26 kil.). Traversée du bois de Verneuil ; — *Les Mureaux* (31 kil.). Traversée des ponts sur la Seine ; — Arrivée à *Meulan* (32 kil.). Jolis paysages. Nombreuses villas ; — Départ pour Mantes par la route directe sur la rive droite ; — Village de *Limay* (47 kil.). On traverse la Seine et on entre dans *Mantes* (48 kil.). Vieille ville : Souvenirs historiques (Guillaume le Conquérant, Philippe-Auguste) (V. guides). Eglise Notre-Dame, XIIe siècle, un des plus beaux spécimens de l'art gothique. Tour Saint-Maclou. — Retour par la rive gauche : *Epône* ; — la vallée de *la Mauldre* vers Maule, et jusqu'à *Mareil*, où l'on tourne à gauche vers *Saint-Nom*. — Rentrée à Versailles par Rocquencourt. — (Retour : 39 kil.).

38 = DREUX ET ANET, par Saint-Cyr (V. n° 16), Bois-d'Arcy, Les Gâtines. — *Pontchartrain*. Magnifique résidence bâtie au commencement du XVIIe siècle, environnée d'un parc superbe, arrosée par la Mauldre qui y forme deux lacs et plusieurs chutes. Propriété particulière appartenant à Mme Dreyfus-Gonzalès.

On ne visite pas ; — *Neauphle-le-Château*, bâti sur une colline qui domine un vaste horizon. Près de l'église, motte du donjon d'un ancien château fort du xɪᵉ siècle ; — *Montfort-l'Amaury* (25 kil.). Belle église de la Renaissance. Très curieuses ruines du château. Souvenirs historiques (Maison de Montfort, qui fut une des plus puissantes de France) (V. guides) ; — *Grosrouvre ;* — *Les Quatre-Piliers ;* — *Houdan.* Ancien donjon du xɪɪᵉ siècle construit par un seigneur de Montfort. Le nom de Houdan est connu à cause de son célèbre marché de volailles ; — *Brissard.* Descente dans la vallée de l'Eure. Vue magnifique ; — *Dreux* (60 kil.). Ville historique. Eglise. Beffroi. La chapelle royale (sépulture de la famille d'Orléans). Tombeaux du roi Louis-Philippe, du duc d'Aumale, etc. (V. guides) ; — Dreux à Anet, en suivant la vallée de l'Eure (rive gauche) par Marcilly. Franchir l'Eure à Ezy ; — *Anet* (80 kil.). Célèbre château construit par Henri II pour Diane de Poitiers. Philibert Delorme (V. guides). Appartient à M. le comte de Leusse. On peut visiter le dimanche. — Retour : Anet à Dreux, en traversant la forêt de Dreux (15 kil.). Retour de Dreux à Versailles par le même itinéraire qu'à l'aller.

39 = **DOURDAN-ÉTAMPES.** Sortie de Versailles par la rue Edouard-Charton. — *Buc.* On franchit la vallée de la Bièvre en longeant l'aqueduc, et prenant la direction des Loges et de Toussus ; — *Châteaufort.* On franchit la vallée ; — *Saint-Rémy.* Dans le fond de la vallée de Chevreuse, on laisse Chevreuse à sa droite pour prendre la direction des Molières ; — *Limours* (20 kil.), dont l'église, de la fin du style ogival, renferme de très beaux vitraux. = A proximité de Limours se trouvent : 1º Dans la direction d'Arpajon : Forges-les-Bains (3 kil.), petite ville d'eau, cure d'air ; — Briis-sous-Forges (7 kil.). Tour carrée d'Anne de Boleyn. Sanatorium de Bligny ; — Château de Courson (à 3 kil. sud-est) (Galerie de tableaux qu'on peut visiter) ; — 2º Dans la direction de Chartres : Bonnelles (4 kil. 5). Très beau château de Mᵐᵉ la duchesse d'Uzès (V. guides) ; — Rochefort-en-Yvelines (9 kil.). Ancien et nouveau châteaux, appartenant à la famille Porgès (V. guides) ; — Saint-Arnoult (13 kil.). Eglise curieuse (V. guides). = *Dourdan* (35 kil.). Donjon. Eglise curieuse. Belle promenade du Parterre. Buste de Francisque Sarcey (V. guides). Si on ne va pas jusqu'à Etampes, revenir à Versailles par Arpajon, en suivant la charmante vallée de l'Orge (retour : 52 kil.) ; — *Etampes* (50 kil.). Tour Guinette, ancien donjon royal. Musée d'antiquités. Maison de Diane de Poitiers. Eglises curieuses. Nombreuses excursions aux environs. Château de Brunehaut. Château de Méréville. Tour de Cenive, etc. (V. guides).

Retour par la rive droite de la Juine ; — *Champigny* ; — *Gillevoisin*. — Nombreux châteaux sur la rive gauche : *Chamarande* (Mansart et Le Nôtre). Appartint à M. Boucicaut (V. guides) ; — *Bouray* (17 kil.). On franchit la Juine et on prend la direction d'Arpajon ; — *Arpajon* (27 kil.). Belle promenade à la Norville ; — *Montlhéry* (33 kil.). Tour et ruines célèbres du château fort (V. guides) ; — A proximité de Montlhéry, *château de Marcoussis* (rôle historique pendant la Fronde) (V. guides) ; — *Longjumeau* (40 kil.). Monument d'A. Adam représentant le postillon de Longjumeau. A Longjumeau, on prend la direction de Palaiseau et de la vallée de la Bièvre ; — *Versailles* (58 kil.).

40 = MELUN-FONTAINEBLEAU. — Sortie de la ville par la rue Edouard-Charton. — Buc (4 kil.). Aqueduc. Nous suivons la rive gauche de la Bièvre ; — *Longjumeau* (20 kil.) ; — *Epinay-sur-Orge* (23 kil.). Nous traversons la vallée de l'Orge et entrons dans la forêt de Séguigny ; nous en sortons à Sainte-Geneviève-des-Bois ; — *Courcouronnes* (33 kil.). Nous prenons à droite la direction de Mennecy ; — *Mennecy* (39 kil.). Itinéraire à partir de Mennecy : Chavannes (4 kil.) ; — Auverneaux (4 kil.) ; — Nainville (3 kil.) ; — Soisy-sur-Ecole (3 kil.) ; — Saint-Germain-sur-Ecole (1 kil.) ; — Cély (3 kil.) ; — Fleury-en-Bièvre (1 kil.) ; — Saint-Martin-en-Bièvre (2 kil.) ; — Macherin (1 kil.) ; — Fontainebleau (9 kil.).

Fontainebleau (70 kil.). Château, Musée, Parc, Forêt (V. les guides). — Retour par Melun : La Croix-du-Grand-Veneur ; — La Table-du-Roi. — *Melun* (15 kil.). Belle ville, Eglises anciennes, Riche musée artistique, beaux châteaux aux environs : Vaux-le-Pénil, Vaux-le-Vicomte, etc... A deux kilomètres à l'ouest de Melun se trouve « Le Mée », où naquit Chapu (originaux dans l'église); — *Corbeil* (32 kil.). Ville manufacturière très importante. Moulins fameux et nombreuses fabriques. Le port a 23,000 tonnes de trafic annuel. A l'extrémité nord-ouest de la ville, usines Decauville; — *Essonnes* (33 kil.). Papeterie la plus importante de France, 250 tonnes de papier par jour; — *Courcouronnes* (38 kil.); à partir de ce village, même itinéraire qu'à l'aller; — *Versailles* (74 kil.).

41 = PONTOISE-GISORS. — Sortie de Versailles par l'avenue Saint-Antoine vers Saint-Germain. — *Rocquencourt;* — *Marly* (l'Abreuvoir); — *Port-Marly;* — *Saint-Germain* (12 kil.); — Pont de Conflans, sur la Seine (21 kil.); — *Conflans-Sainte-Honorine;* — *Pontoise* (29 kil.). Le Musée possède quelques tableaux de maîtres. Eglise Saint-Maclou. Beaux points de vue au jardin public (V. guides); — *Boissy-l'Aillerie;* — *Us;* — *Marines;* — *Neuilly-Marines;* — *Fay;* — *Chaumont-en-Vexin;* — *Gisors* (72 kil.). Très joli pays. Ruines célèbres du château fort (V. guides).

42 = CHANTILLY-COMPIÈGNE. — Sortie de Versailles par l'avenue Saint-Antoine vers Saint-Germain. — *Rocquencourt;* — *Marly* (Abreuvoir); — *Port-Marly;* — *Saint-Germain;* — *Conflans-Sainte-Honorine;* — *Pontoise* (29 kil.); — Vachermeil (3 kil.); — Chaponval (1 kil.); — les Remys (1 kil.); — *Auvers* (35 kil.); — Valmondois (3 kil.); — Parmain (3 kil.); — Jouy-le-Comte (1 kil.); — Champagne (2 kil.); — *Persan* (47 kil.); — Bernes (2 kil.); — Bruyères (2 kil.); — Boran (2 kil.); — Le Saussoy (4 kil.); — *Chantilly* (62 kil.). Champ de courses. Célèbres établissements d'entraînement. Forêt. Château. Riche musée. Parc (V. guides). Chantilly à Senlis par Verneuil, Saint-Firmin et Courteuil. — *Senlis* (71 kil.). Ancienne cathédrale. Château. Curiosités archéologiques (V. guides). Prendre la route de Crépy; Balagny (5 kil.); — Ognon (2 kil.); — Brasseuse (4 kil.); — Raray (3 kil.); — *Verberie* (91 kil.); — Bois-d'Ageux (3 kil.); — Rivecourt (2 kil.); — La Bacotte (3 kil.); — Jaux (2 kil.); — Venette (3 kil.); — *Compiègne* (106 kil.). Château. Musée. Hôtel de Ville. Parc. Forêt (V. guides).

MAISON FONDÉE EN 1770

Téléphone 444

17, rue Hoche, 17. — **VERSAILLES**

En vente à la Librairie L. BERNARD

NOTE SUR LA MAISON

La Librairie BERNARD a été fondée en 1770 par le sieur Blaizot, qui devint Libraire du roi Louis XVI et fut breveté de la reine Marie-Antoinette au titre de son Libraire-Géographe (le parchemin est entre nos mains).

Blaizot publia de 1773 à 1789 les Almanachs de Versailles et autres publications qui lui valurent une grande réputation à cette époque.

Depuis 30 ans, la Librairie cherche à maintenir le nom de son fondateur en continuant la publication et la vente d'ouvrages concernant l'Histoire de la Ville et du Château de Versailles, dont suit le Catalogue, et à justifier sa devise : Pro civitate civis.

Nous offrons à nos clients la visite de la collection complète de tous les livres et gravures publiés sur Versailles depuis l'époque de Louis XVI, réunis dans notre magasin, et nous nous chargeons des recherches de tous ouvrages anciens et gravures sur Versailles et ses dépendances.

E. CAZES (Inspecteur général de l'Instruction publique)

LE CHATEAU DE VERSAILLES
Et ses Dépendances

L'HISTOIRE ET L'ART
Un volume in-8° avec plans et gravures . . . . **15 francs.**

LE PETIT-TRIANON
Par Gustave DESJARDINS
Un volume in-8° illustré de 22 vues et plans hors texte, **25 fr.**

L.-A. BARBET
LES GRANDES EAUX DE VERSAILLES
INSTALLATIONS MÉCANIQUES ET ÉTANGS ARTIFICIELS
DESCRIPTION DES FONTAINES ET DE LEURS ORIGINES
Avec une préface de HENRY ROUJON
In-4°, illustré de 312 figures. — Prix : **25 francs.**

Librairie L. BERNARD

Pierre DE NOLHAC (Conservateur du Musée de Versailles)
LES JARDINS DE VERSAILLES
In-4°, illustré de 250 gravures. — **50 fr.**

VERSAILLES
COLLECTION DES GRANDS PALAIS DE FRANCE
Recueil de 160 planches d'architecture et décoration, in-folio, **135 fr.**

Gaston BRIÈRE (Attaché à la Conservation du Musée)
LE CHATEAU DE VERSAILLES
ARCHITECTURE ET DÉCORATION
200 planches reproduites par l'héliogravure. Introduction et Notice
2 volumes in-folio, 200 planches gravées. — **200 francs.**

LE PARC DE VERSAILLES
SCULPTURE DÉCORATIVE
100 planches reproduites par l'héliogravure. — **120 francs.**

VERSAILLES ET LES DEUX TRIANONS
Texte par Philippe GILLE
ET ENVIRON 475 ILLUSTRATIONS, DESSINS ET RELEVÉS
Par **Marcel LAMBERT** (Architecte des Domaines de Versailles et des Trianons)
Edition de luxe, 2 vol. in-4°. Prix : **300 fr.**
Le même : Edition nationale, 2 vol. in-4°. — Prix : **100 fr.**

Léon DESHAIRS
LE PETIT-TRIANON
ARCHITECTURE, DÉCORATION, MOBILIER. 100 planches, in-folio, **80 fr.**

LE GRAND-TRIANON
ARCHITECTURE, DÉCORATION, MOBILIER. 80 planches, in-folio, **50 fr.**

A. FAVIER
VERSAILLES ET LES TRIANONS
ARCHITECTURE ET DÉCORATION. 100 planches, in-folio. **35 fr.**

REVUE DE L'HISTOIRE DE VERSAILLES ET DE SEINE-ET-OISE
*Publication trimestrielle de la Société des Sciences morales
des Lettres et Arts de Seine-et-Oise*
11ᵉ année en cours. — Prix du volume : **12 francs.**

Librairie L. BERNARD

(1896-1905) **Versailles Illustré** (1896-1905)
ORGANE DE L'ASSOCIATION ARTISTIQUE ET LITTÉRAIRE

La collection de **Versailles Illustré** forme neuf volumes et comprend, tant en dessins originaux qu'en reproductions de gravures anciennes ou photographiques, plus de 1.100 vues se rattachant tant à Versailles qu'au département de Seine-et-Oise. *(Chaque année : 12 francs.)*

Une Journée à Versailles et à Trianon	1 »
Auscher. La Céramique au Château de Versailles	6 »
Batilliat. Versailles-aux-Fantômes. roman	3 50
Alph. Bertrand. Versailles; ce qu'il est, ce qu'il fut, ce qu'il devrait être	3 50
Delerot. Ce que les poètes ont dit de Versailles	3 »
— Versailles pendant l'occupation allemande (1870-1871), in-8°	6 »
Une Promenade à Versailles. Album de 40 eaux-fortes.	25 »
L. Dussieux. Le Château de Versailles. Histoire et description, 2 volumes in-8° avec plans et gravures	Épuisé.
Pierre Gauthiez. Au Soleil de Versailles, poésies	5 »
Geffroy. Versailles. Collection des musées d'Europe	15 »
Aug. Jehan. La Ville de Versailles, son histoire, ses monuments, ses rues, in-16 illustré	2 50
— Le Labyrinthe de Versailles, in-4° illustré	12 »
Le Roi. Histoire des rues de Versailles, 2 volumes	Épuisé.
A. et M. Masson. Le Parc de Versailles, in-16 illustré des Plans des bosquets, Statues, Vases, Groupes, Mythologie.	2 »
Cte Robert de Montesquiou. Les Perles rouges, poésies.	3 50
Pierre de Nolhac. La Reine Marie-Antoinette, in-12	3 50
— Marie-Antoinette Dauphine. in-12	3 50
— Louis XV et Marie Leczinska	3 50
— Louis XV et Madame de Pompadour.	3 50
P. de Nolhac et A. Pératé. Le Musée de Versailles	6 »
André Pératé. Versailles, ville d'art, 187 gravures	4 »
Vatel. Historique sur la salle du Jeu-de-Paume	2 »

Gravures anciennes et modernes
DU CHATEAU ET DES JARDINS DE VERSAILLES
Par SILVESTRE, RIGAUD, LEPAUTRE
en noir et en couleur

Plans de la Ville de Versailles

Versailles. — Imprimerie J. Aubert et Cie, 6, avenue de Sceaux.

Trianon Palace

Trianon Palace Hôtel
1, Boulevard de la Reine, Versailles

GARAGE — TENNIS — BAR
BILLARDS — ASCENSEURS
LUMIÈRE ÉLECTRIQUE
TÉLÉPHONE A TOUS LES
ÉTAGES — VOITURES AUTO-
MOBILES A VOLONTÉ —
ORCHESTRE

Arrangements pour Familles
et pour Séjours prolongés

ON PEUT RETENIR PAR TÉLÉPHONE DES APPARTE-
MENTS DE MÊME QUE DES TABLES AU RESTAURANT

Adresse Télégraphique: Trianotel-Versailles
:: Téléphone Versailles, Nos. 786 et 787 ::

Le Trianon Palace Hôtel
Versailles

CONSTRUIT en 1909 à Versailles, près la grille de Trianon, le TRIANON-PALACE-HOTEL détache sa silhouette majestueuse au milieu des pelouses fleuries et des arbres magnifiques d'un parc de trois hectares; la vue du côté Ouest s'étend sur les grandes prairies de Trianon.

Tout ce que le confort moderne et l'élégance la plus raffinée peuvent offrir aux touristes et aux familles se trouve réuni dans cette belle maison, dont le bon goût, le style très pur et l'installation pratique, charment tous ceux qui viennent y chercher le repos, le bon air, une excellente cuisine, des environs ravissants et un centre d'excursions d'une variété infinie.

Le restaurant, de vastes dimensions, précédé de grandes terrasses en plein air, permet de recevoir les nombreux convives parisiens et étrangers qui viennent y déjeuner, dîner et prendre le thé dans la galerie de 50 mètres ou dans le parc.

www.ingramcontent.com/pod-product-compliance
Lightning Source LLC
LaVergne TN
LVHW021707080426
835510LV00011B/1640